Junior NKIERE MAKOLONI

CURSO DE INFORMÁTICA QUARTO ANO SA

Junior NKIERE MAKOLONI

CURSO DE INFORMÁTICA QUARTO ANO SA

ScienciaScripts

Imprint
Any brand names and product names mentioned in this book are subject to trademark, brand or patent protection and are trademarks or registered trademarks of their respective holders. The use of brand names, product names, common names, trade names, product descriptions etc. even without a particular marking in this work is in no way to be construed to mean that such names may be regarded as unrestricted in respect of trademark and brand protection legislation and could thus be used by anyone.

Cover image: www.ingimage.com

This book is a translation from the original published under ISBN 978-620-6-71815-4.

Publisher:
Sciencia Scripts
is a trademark of
Dodo Books Indian Ocean Ltd. and OmniScriptum S.R.L publishing group

120 High Road, East Finchley, London, N2 9ED, United Kingdom
Str. Armeneasca 28/1, office 1, Chisinau MD-2012, Republic of Moldova, Europe
Managing Directors: Ieva Konstantinova, Victoria Ursu
info@omniscriptum.com

Printed at: see last page
ISBN: 978-620-8-51723-6

Conteúdo

PREFÁCIO

O objetivo da educação nacional é a formação harmoniosa do congolês, cidadão responsável, útil a si próprio e à sociedade, capaz de promover o desenvolvimento do país e da cultura nacional (Lei-Quadro n°86-005 de 22 /09/1986 sobre a Educação Nacional). A escola deve, portanto, formar cidadãos produtivos, criativos, cultos, conscientes, livres e responsáveis, abertos aos valores sociais, culturais, estéticos, espirituais e republicanos (Carta da Educação, CNS, 1992).

No sistema educativo, as TI são simultaneamente uma fonte de grandes esperanças e uma fonte de grandes culpas.

Esperanças porque o potencial destes dispositivos é verdadeiramente imenso, a vários níveis:

- é possível fazer "tudo" com um computador: aprendizagem fundamental, exercícios de formação com autoavaliação, modelação, experimentação, simulação, recursos: bases de dados, etc.
- em todas as disciplinas: francês, matemática, biologia, tecnologia, disciplinas profissionais;
- a todos os níveis: primário, secundário (collège, lycee), ensino superior, educação de adultos, formação inicial e contínua.

Desde a sua introdução, surgiram vários problemas, nomeadamente dificuldades de formação dos professores e de utilização pelos alunos, dificuldades de aquisição e de gestão dos equipamentos, bem como de criação e funcionamento das instalações (locais, segurança, etc.).

Agradecemos ao Ministere Provincial de l'EPST Haut-Uele e à Inspection Principale Provincial de Haut-Uele 2 pela sua participação na realização deste livro, que será útil não só à Província de Haut-Uele, mas também a todas as escolas do nosso país que oferecem a opção Secretariado-Administração.

RESUMO

O ensino da informática é a ação, a forma de transmitir e de fazer com que os alunos adquiram conhecimentos relacionados com as tecnologias da informação e da comunicação com vista à transformação destas últimas. No final do curso, os alunos terão desenvolvido novos comportamentos em relação às novas tecnologias da informação e da comunicação.

O ensino da informática implica também a formação dos jovens aprendentes da sociedade de amanhã para que sejam capazes de utilizar as diferentes tecnologias da informação e da comunicação para obter informações e comunicar em todo o mundo. Este objetivo será alcançado através do ensino da informática.

Para os finalistas de Secretariado-Administração, o livro não só está muito mais orientado para os conceitos vistos nas aulas anteriores, como também inclui novos conceitos para preparar o finalista para a vida profissional e para a universidade sem quaisquer dificuldades no domínio da informática.

Neste livro, focámos os conceitos anteriores de construção de gráficos, a utilização de formas de funções estatísticas, a utilização de ferramentas de processamento de texto, a atualização do antivírus, a ordenação de dados com base em critérios e, acima de tudo, a criação de bases de dados no Excel com a lista pendente.

Estamos convencidos de que, utilizando corretamente este livro, os finalistas não terão qualquer dificuldade ou preocupação em enfrentar os testes de informática do exame de Estado. Desejamos-vos muita coragem.

Este livro, que esperamos que seja compreensível, prático e claro para os estudantes finalistas, é também um compêndio para os professores que desejam aprofundar os seus conhecimentos de informática. Está em conformidade com o currículo nacional do ensino primário, secundário e técnico da República Democrática do Congo e tem em conta a grande evolução da informática em termos de hardware e software. É por isso que este livro se centra nos invariantes de hardware e software.

Aguardamos com expetativa os vossos comentários, críticas e sugestões para melhorar este livro e encorajamos todas as escolas a adquirir um exemplar.

OBJECTIVO GERAL

[1]No final do quarto ano de humanidades, o aluno será capaz de conceber e compreender corretamente um texto.

OBJECTIVOS ESPECÍFICOS

Qualquer pessoa que tenha seguido assiduamente este curso será capaz de :

- Construção de gráficos ;
- Utilização das formas das funções estatísticas ;
- Utilizar ferramentas de processamento de texto ;
- Atualizar o antivírus ;
- Ordenar os dados por critérios.

[1] Administração da Secretaria de Estado do Cúmulo-Vivo, RDC, 2016.

CAPÍTULO I

GRÁFICO EXCEL

1.1. ALTERAR AS OPÇÕES DO GRÁFICO

Para modificar um gráfico ;

Clique com o botão direito do rato no **gráfico** e selecione Selecionar dados. No campo Legenda (Série), clique na série que pretende **modificar**. Clique em **Modificar**, efectue as alterações pretendidas e, em seguida, clique em OK.

Ou

a) Clique com o botão direito do rato no gráfico e **selecione Selecionar dados.**

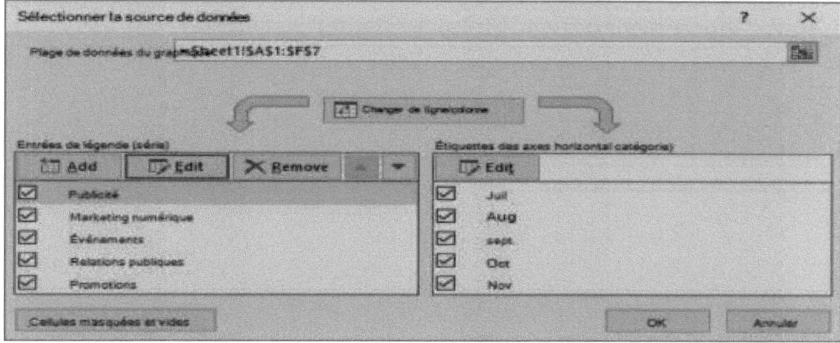

b) Na área **Entrada de legenda (Série)**, clique na série que pretende modificar.

c) Clique em **Modificar**, efectue as alterações pretendidas e clique em **OK**.

NB: As alterações efectuadas podem interromper as ligações com a fonte de dados na folha de cálculo.

d) Para reorganizar uma série, selecione-a e clique em Mover.

em direção a **Aou** Move-se em direção a

A. TÍTULO DO EIXO

a) Adicionar títulos aos eixos

Selecione o seu gráfico e aceda ao separador Design do gráfico que aparece. Clique na seta do menu suspenso **Adicionar elemento de gráfico** Mova o cursor sobre **Títulos de eixo**. Na janela pop-up, selecione "**Horizontal primário ou Vertical primário** ou ambos".

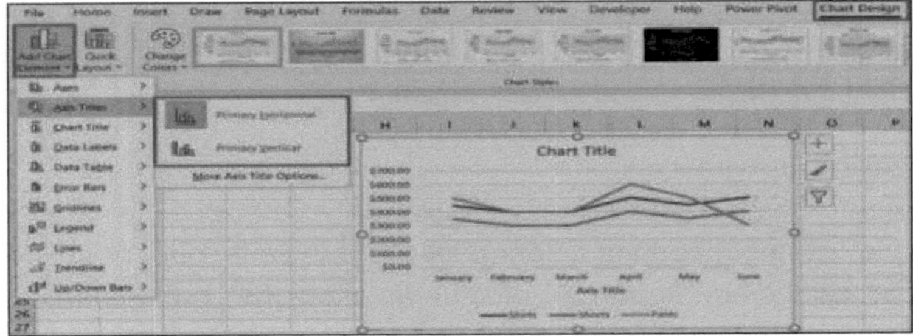

Se estiver a utilizar o Excel no Windows, também pode utilizar o ícone dos elementos do gráfico à direita do gráfico. Assinale a caixa para títulos de eixo, clique na seta para a direita e, em seguida, assinale as caixas para títulos horizontais, títulos verticais ou ambos.

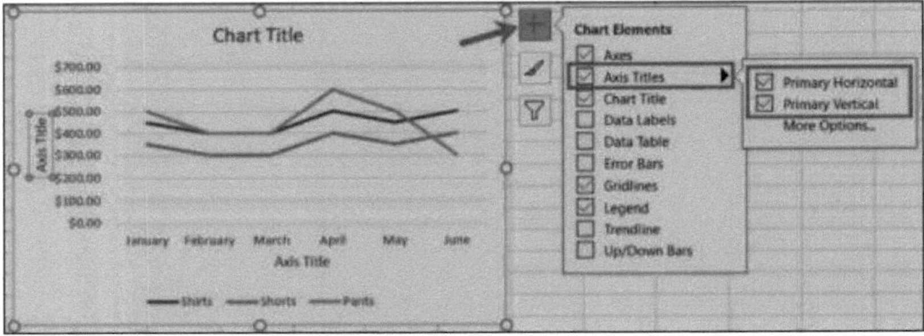

Quando o título do eixo que selecionou aparece no gráfico,

tem um nome predefinido para o título do eixo. Selecione a zona de texto que contém o título predefinido e adicione o seu próprio título.

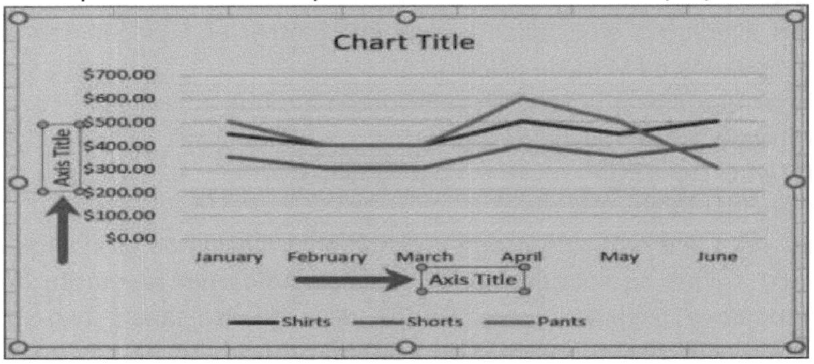

b) Personalizar os títulos dos eixos no gráfico

Pode personalizar tanto as zonas de título dos eixos como o texto dentro destas zonas. E há várias formas de o fazer.

Em primeiro lugar, clique com o botão direito do rato no título do eixo para visualizar a barra de ferramentas flutuante. Verá as opções Estilo, Preenchimento e Contorno.

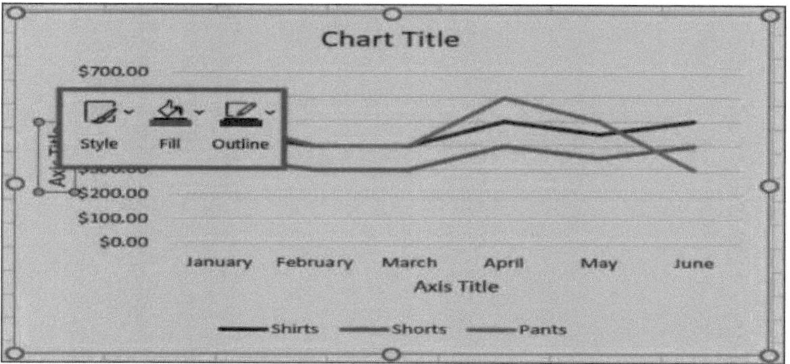

Utilize as setas pendentes junto a uma destas opções para aplicar um tema, utilizar um gradiente ou textura, ou escolher um estilo e cor de contorno.

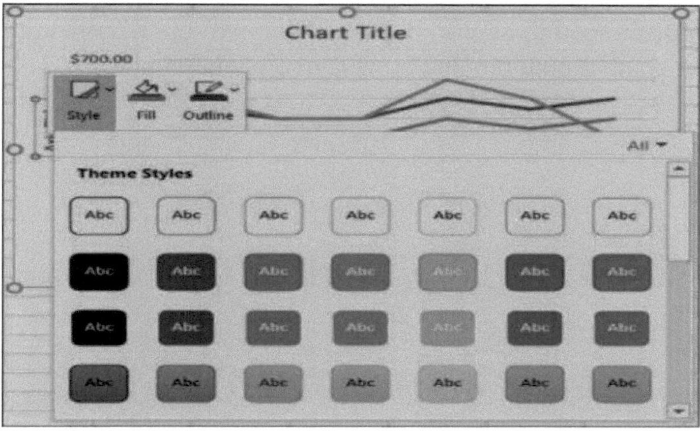

Para aumentar um pouco a personalização, comece por abrir a barra lateral Formatar título do eixo. Pode clicar com o botão direito do rato num endereço e selecionar **"Formato de endereço do eixo"** ou fazer duplo clique num endereço.

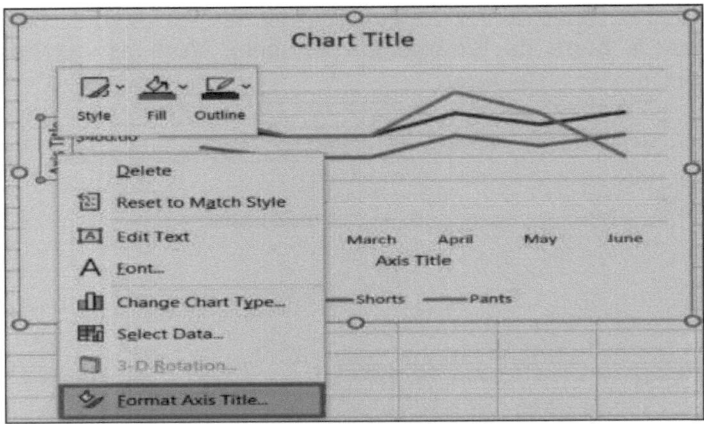

Na parte superior da barra lateral, certifique-se de que vê as opções de título. Em seguida, utilize os três separadores imediatamente abaixo para Preenchimento e linha, Efeitos e Tamanho e propriedades para efetuar os seus ajustes.

Pode fazer coisas como alterar o preenchimento ou o contorno, adicionar uma sombra ou um brilho ou ajustar o alinhamento.

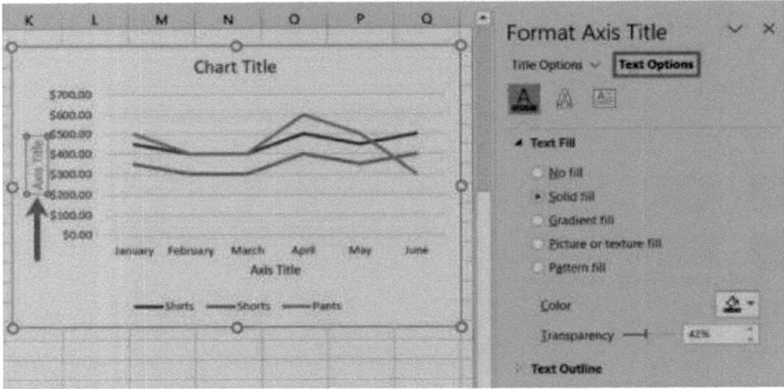

c) Para personalizar o tipo de letra

Selecione Opções de texto na parte superior da barra lateral. Em seguida, utilize os separadores para preenchimento de texto, contorno, efeitos de texto e área de texto.

Pode então fazer coisas como alterar a cor ou a transparência do tipo de letra, utilizar um formato XNUMXD ou alterar a direção do texto.

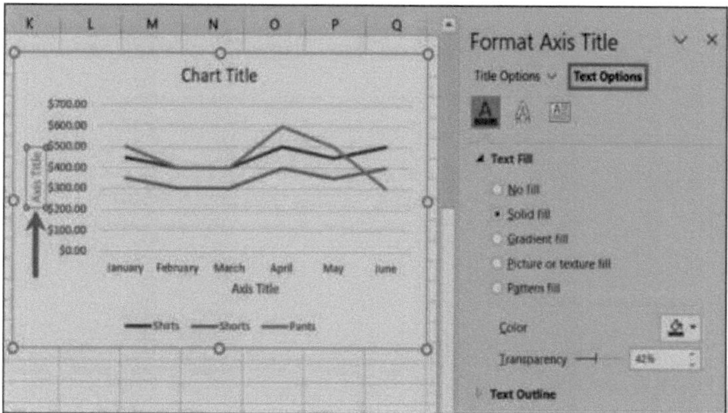

d) Eliminar títulos dos eixos do gráfico

Se mais tarde decidir apagar um ou ambos os títulos dos eixos, será igualmente fácil adicioná-los.

Selecione o gráfico e vá para o separador Design do gráfico. Clique na seta para baixo Adicionar elemento do gráfico, mova o cursor sobre os títulos dos eixos e anule a seleção de "Horizontal primário", "Vertical primário" ou ambos.

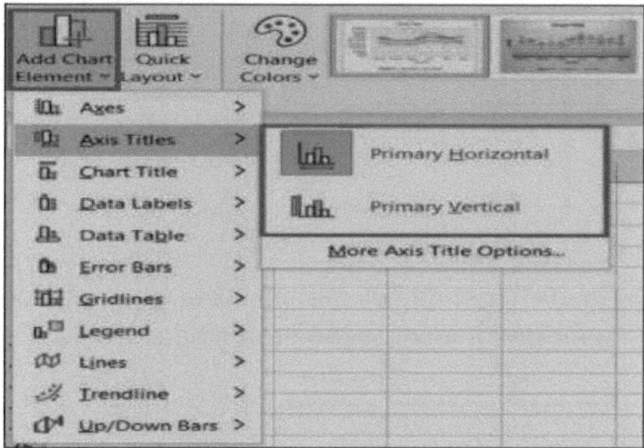

No Excel para Windows, também pode clicar no ícone dos elementos do gráfico e desmarcar a caixa dos títulos dos eixos para eliminar ambos. Se pretender manter um título, utilize a seta junto aos títulos dos eixos e selecione o que pretende.

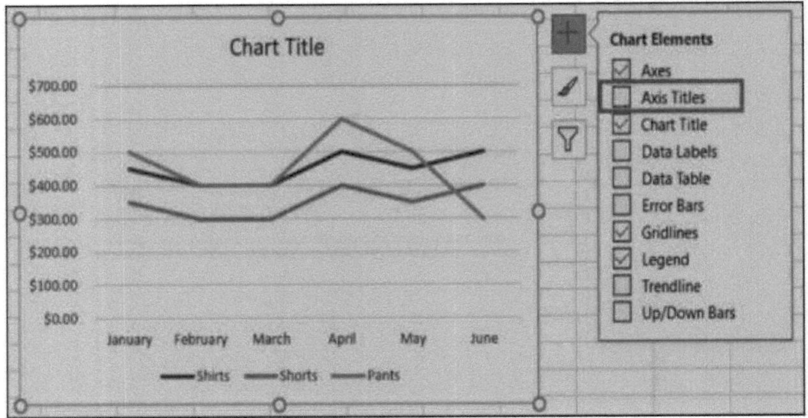

B. LEGENDA

Para legendar um gráfico no Excel ;

1. **Clique no gráfico** ao qual pretende adicionar uma legenda, clique no **botão Elementos do gráfico + e, em seguida, clique em Legenda.**

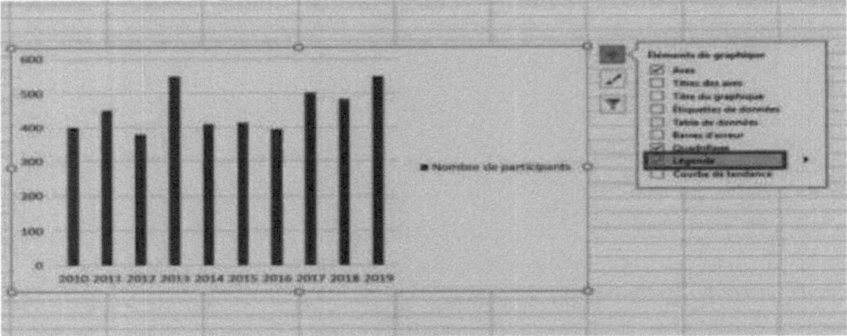

1. Para alterar a posição da legenda, clique **na seta** à direita da legenda e, em seguida, selecione a localização pretendida.

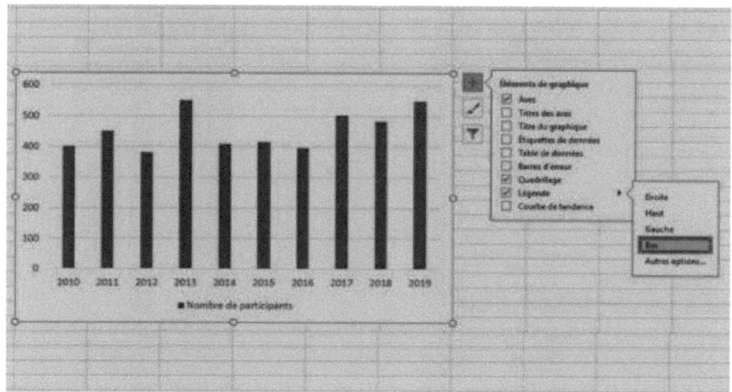

Por predefinição, não é permitido que uma legenda se sobreponha a um gráfico. Mas se tiver pouco espaço, pode reduzir o tamanho do gráfico clicando em **Mais opções** e, em seguida, desmarcando **a** caixa **Mostrar legenda sem sobreposição de gráfico**.

Para eliminar uma legenda, **clique com o botão direito do rato na** mesma e, em seguida, clique em **Eliminar**.

C. TABELAS E RÓTULOS DE DADOS

1. TABELA DE DADOS

Definição :

Uma tabela de dados é **um intervalo de células em que é possível modificar os valores de determinadas células e fornecer respostas diferentes a um problema**.

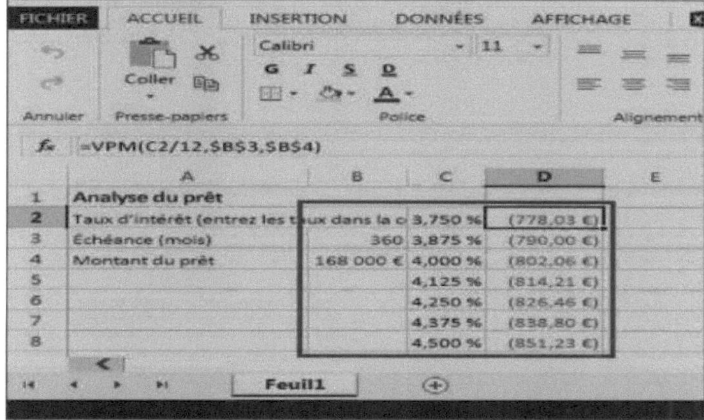

Para criar uma tabela de dados, siga estes passos:

Não confunda tabelas de dados com tabelas do Excel. Uma tabela de dados é um intervalo especial que o Excel utiliza para calcular várias soluções para uma fórmula.

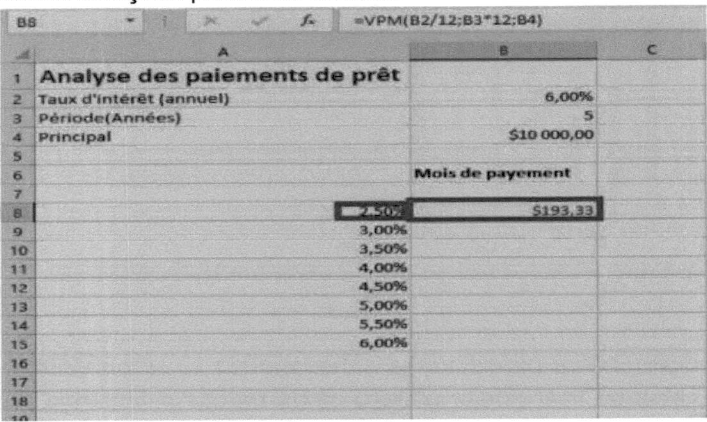

1) Introduzir os valores de entrada:

Para escrever os valores numa coluna, inicie a coluna uma célula abaixo e uma à esquerda da célula que contém a fórmula, como mostrado aqui.

Para escrever os valores numa linha, inicie a linha uma célula acima e uma à direita da célula que contém a fórmula.

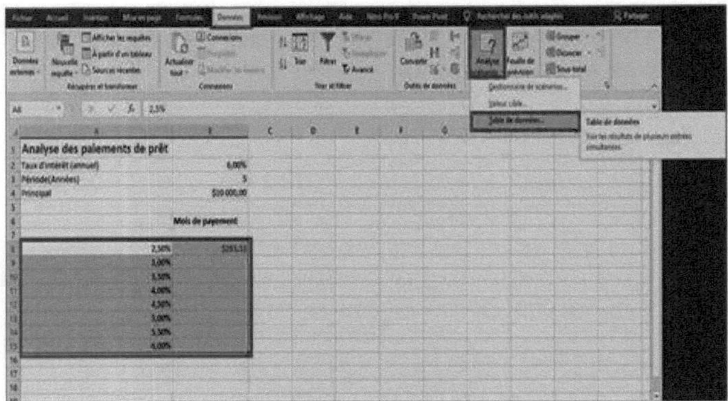

2) Selecione o intervalo que contém os valores de entrada e a fórmula.
3) Clique no separador Dados.
4) Clique em Análise de variações hipotéticas.
5) Clique em Tabela de dados.

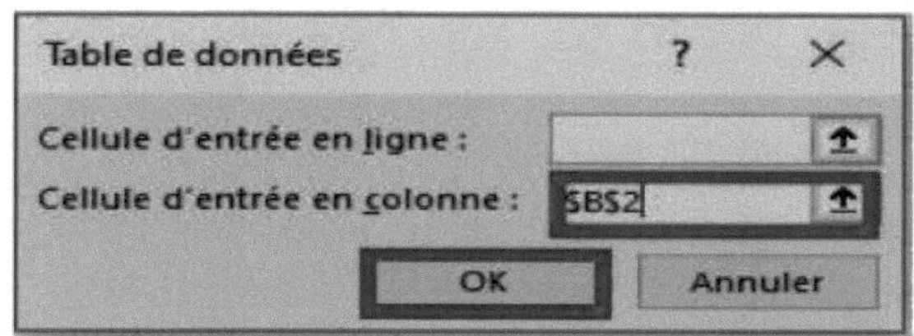

É apresentada a caixa de diálogo Tabela de dados.
6) Especifique a célula de fórmula que pretende utilizar como célula de entrada para a tabela de dados:
Se os valores de entrada estiverem numa coluna, introduza o endereço da célula de entrada na caixa de texto Coluna da célula de entrada.
Se tiver introduzido os valores de entrada numa linha, introduza o endereço da célula de entrada na caixa de texto Célula de entrada de linha.
7) Clique em OK.

2. ETIQUETA DE DADOS

Para identificar rapidamente uma série de dados num gráfico, pode adicionar etiquetas de dados aos pontos de dados do gráfico. Por predefinição, as etiquetas de dados estão ligadas aos valores da folha de cálculo e são actualizadas automaticamente quando estes valores são alterados.
As etiquetas de dados facilitam a compreensão de um gráfico, uma vez que apresentam pormenores sobre uma série de dados ou pontos de dados individuais. Por exemplo, no gráfico circular abaixo, sem as etiquetas de dados, é difícil dizer que as vendas de café representam 38% das vendas totais. Dependendo do que se pretende realçar num gráfico, é possível adicionar etiquetas a uma série, a todas as séries (todo o gráfico) ou a um ponto de dados.

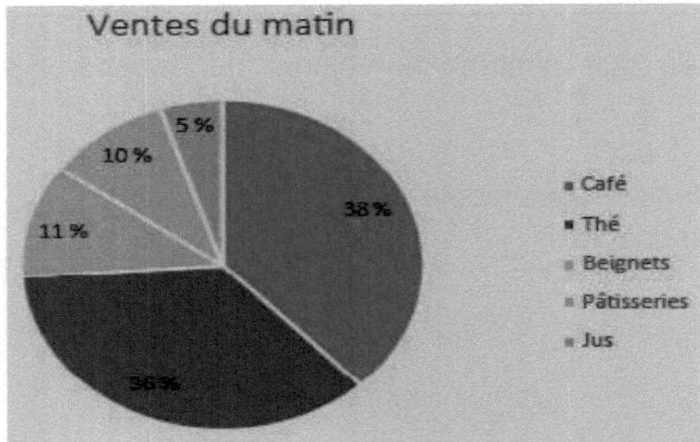

Nota: Os procedimentos seguintes aplicam-se ao Office 2013 e versões posteriores.

Adicionar etiquetas de dados a um gráfico

1. Clique na série de dados ou no gráfico. Para adicionar uma etiqueta a um ponto de dados, depois de clicar na série, clique no ponto de dados.
2. No canto superior direito, junto ao gráfico, clique em > **Adicionar um elemento gráfico às etiquetas de dados**.

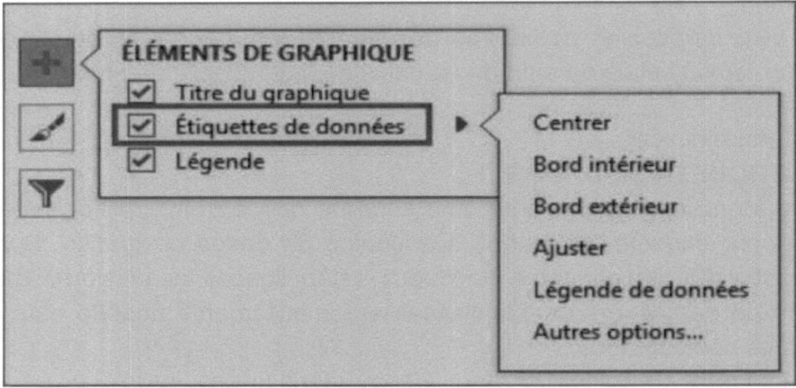

3. Para alterar a localização, clique na seta e selecione uma opção.
4. Se pretender apresentar a etiqueta de dados numa bolha de texto, clique em **Legenda de dados.**

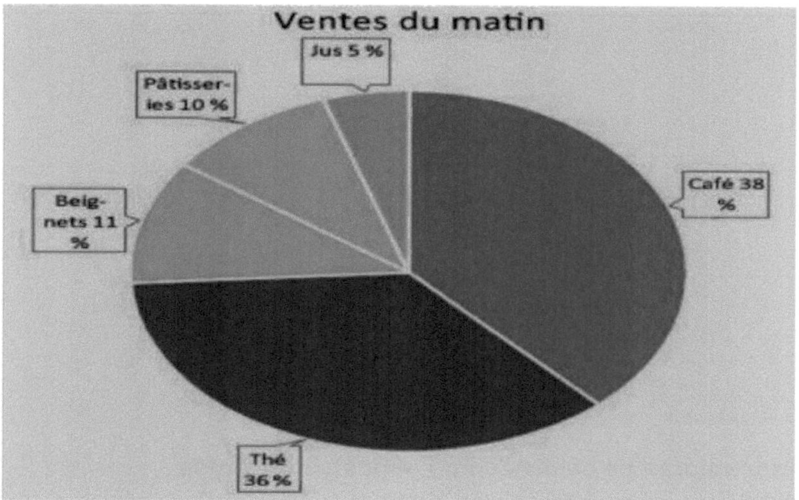

Para facilitar a leitura das etiquetas, pode movê-las para dentro dos pontos de dados ou para fora do gráfico. Para mover uma etiqueta de dados, arraste-a para a localização pretendida.

Se decidir que as suas etiquetas estão a desorganizar o gráfico, pode eliminá-las clicando nelas e premindo Apagar.

NB: Se o texto nas etiquetas de dados não for legível, redimensione as etiquetas clicando nelas e, em seguida, ampliando-as para o tamanho pretendido.

Alterar o aspeto das etiquetas de dados

1. Clique com o botão direito do rato na série de dados ou na etiqueta para visualizar mais dados e, em seguida, clique em **Formatar etiquetas de dados**.

2. Clique em **Opções de etiqueta** e, em **Conteúdo da etiqueta**, selecione as opções pretendidas.

Format des étiquettes de données
OPTIONS D'ÉTIQUETTE ▾ OPTIONS DE TEXTE
▲ OPTIONS D'ÉTIQUETTES
Contenu de l'étiquette
☐ Valeur à partir des cellules
☐ Nom de série
☐ Nom de catégorie
☑ Valeur
☑ Afficher les lignes d'étiquettes
☐ Symbole de légende
Séparateur ;
Redéfinir le texte de l'étiquette
Position de l'étiquette
○ Centre
○ Bord intérieur
○ Intérieur base
● Bordentérieur
▷ NOMBRE

Utilizar valores de células como etiquetas de dados

Pode utilizar valores de células como etiquetas de dados para o seu gráfico.

1. Clique com o botão direito do rato na série de dados ou na etiqueta para visualizar mais dados e, em seguida, clique em **Formatar etiquetas de dados**.

2. Clique em **Opções de etiqueta** e, em **A etiqueta contém**, selecione a caixa **Valores das células**.

3. Quando a caixa de diálogo **Intervalo de etiquetas** de dados for apresentada, regresse à folha de cálculo e selecione o intervalo para o qual pretende que os valores das células sejam apresentados como etiquetas de dados. Neste caso, o intervalo selecionado é apresentado na caixa de diálogo **"Data Label Range" (Intervalo de etiquetas de dados**). Clique em **OK**.

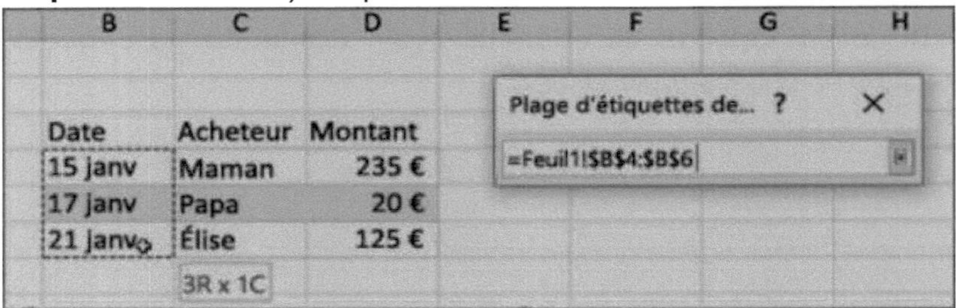

Os valores das células são agora apresentados como etiquetas de dados no seu gráfico.

Modificar o texto das etiquetas de dados

1. Clique na etiqueta de dados que contém o texto a ser modificado

e, em seguida, clique novamente para que seja a única etiqueta de dados selecionada.

2. Selecione o texto existente e, em seguida, escreva o texto de substituição.

3. Clique em qualquer sítio fora da etiqueta de dados.

NB: Se quiser acrescentar um comentário ao seu gráfico ou se só tiver uma etiqueta de dados, pode utilizar uma caixa de texto.

Eliminar etiquetas de dados de um gráfico

1. Clique no gráfico do qual deseja remover os rótulos de dados. Isto faz aparecer os separadores **Ferramentas de Gráfico** e **Design** e **Disposição**.

2. Efetuar uma das seguintes acções:

+ No separador **Design**, no grupo **Apresentação de gráficos**, clique em **Adicionar elemento de gráfico**, selecione **Rótulos de dados** e clique em **Nenhum**.

+ Clique uma vez numa etiqueta de dados para selecionar todas as etiquetas de dados num conjunto de dados ou duas vezes para selecionar uma etiqueta de dados que pretenda eliminar e, em seguida, prima DELETE (eliminar).

4- Clique com o botão direito do rato numa etiqueta de dados e, em seguida, clique em **Eliminar**.

Nota: Isto elimina todas as etiquetas de dados num conjunto de dados.

3. Também pode eliminar etiquetas de dados imediatamente após adicioná-las, clicando em **Anular** EE na **barra de ferramentas de acesso rápido** ou premindo Ctrl+Z.

D. PLANOS DE CHEGADA

No Microsoft Excel, é possível utilizar uma imagem como fundo de folha apenas para efeitos de visualização. Um fundo de folha não é impresso e não é armazenado numa folha de cálculo individual ou num elemento que seja guardado como uma página Web.

Definir o fundo da folha de cálculo do Excel

Pode adicionar interesse visual a uma folha de cálculo substituindo o fundo da folha branca normal por uma fotografia, desenho ou outra imagem.

Por exemplo, uma folha de cálculo que regista o montante necessário para umas férias futuras pode apresentar uma fotografia do destino proposto como plano de fundo.

Quando escolher a imagem que pretende utilizar como fundo,

certifique-se de que seleciona uma imagem que não dificulte a leitura do texto da folha de cálculo. Por exemplo, se o texto da folha de cálculo for escuro, escolha uma imagem de cor clara como fundo.

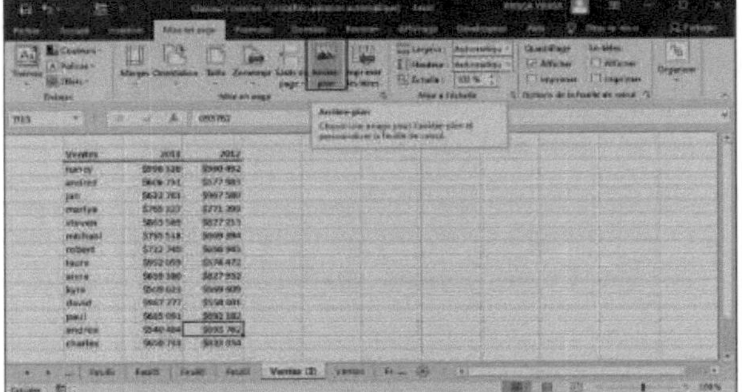

1) Clique no separador da folha de cálculo que pretende personalizar;
2) Clique no separador Configurar página;
3) Clique em Fundo.

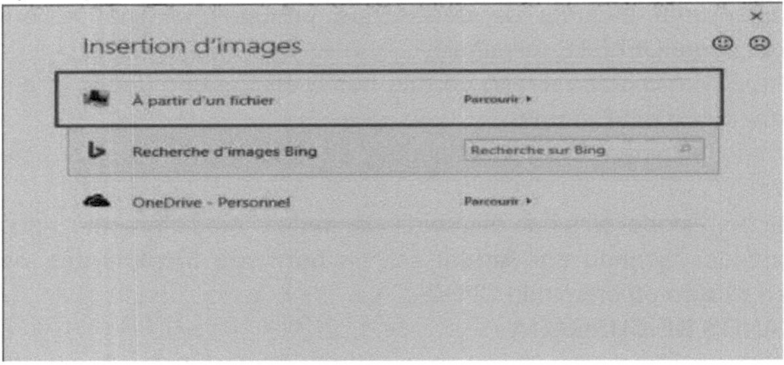

Aparece a caixa de diálogo Inserir imagens.
4) Clique em A partir de um ficheiro.

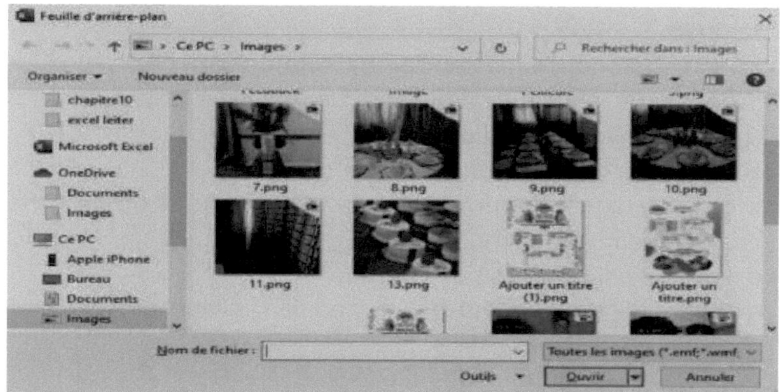

É apresentada a caixa de diálogo da folha de planeamento Amere.

5) Selecione a localização da imagem que pretende utilizar.
6) Clique na imagem.
7) Clique em Inserir.

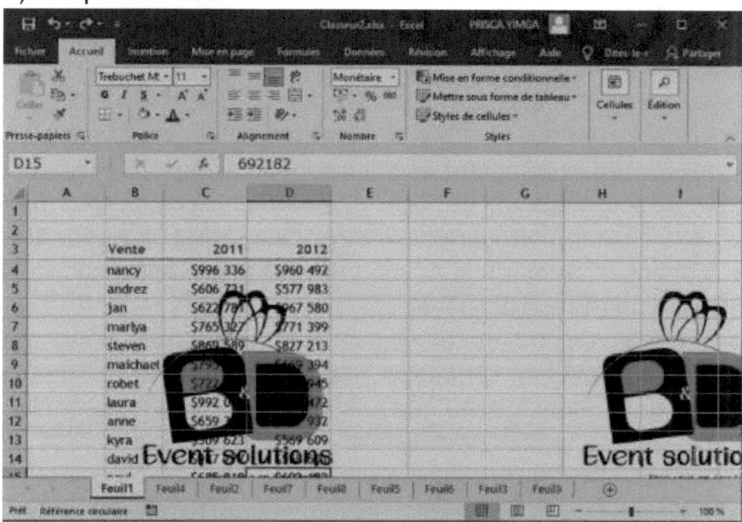

O Excel formata o fundo da folha de cálculo com a imagem que selecionou.

Aplicar uma cor de fundo em vez de uma imagem de fundo

O Excel não dispõe de um comando que altere a cor de fundo de toda a folha de cálculo.

Em vez disso, é preciso primeiro ;

1) selecionar todas as células da folha de cálculo, clicando em

Selecionar tudo.

2) Clique no separador Página inicial, na seta da lista pendente Cor de preenchimento e, em seguida, na cor que pretende utilizar.

3) O Excel aplica a cor ao fundo de cada célula.

Eliminar a imagem de fundo da folha de cálculo

Se achar que a imagem de fundo dificulta a leitura do texto da folha de cálculo, deve remover o fundo.

1) Clique no separador da folha de cálculo,

2) clique em Configurar página e, em seguida, clique em Eliminar fundo.

O Excel exclui a imagem de fundo da planilha.

E. SECTORES

Criar gráficos de pizza no Excel

Os gráficos de tartes ou gráficos de tartes, como também são conhecidos, são uma forma comum de mostrar a contribuição de quantidades ou percentagens individuais para o total. Nesses gráficos, a torta inteira representa 100% do todo, enquanto as *fatias da torta* representam partes do todo.

As pessoas adoram gráficos de pizza, os especialistas em visualização detestam-nos, e a principal razão científica é que o olho humano não consegue comparar ângulos com exatidão.

Mas se não podemos deixar de fazer gráficos de pizza, porque não aprendemos a fazê-lo corretamente? Um gráfico de pizza pode ser difícil de desenhar à mão, com as percentagens complicadas a representarem um desafio adicional.

No entanto, no Microsoft Excel é possível criar um gráfico de setores em um ou dois minutos. E depois, pode querer investir alguns minutos extra na personalização dos gráficos para dar ao seu gráfico de pizza do Excel um aspeto profissional.

Passos para criar um gráfico de pizza no Excel

Criar um gráfico de pizza no Excel é extremamente simples e requer apenas alguns cliques de um botão. O ponto-chave é organizar corretamente os dados de origem na sua folha de cálculo e escolher o tipo de gráfico de pizza mais adequado.

1) Preparar os dados de origem para o gráfico circular.

Ao contrário de outros gráficos, os gráficos de pizza exigem que os dados de origem sejam organizados numa coluna ou linha. De facto, apenas uma série de dados pode ser representada num gráfico de pizza.

Você também pode incluir uma coluna ou linha com nomes de categoria, que deve ser a primeira coluna ou linha na seleção. Os nomes de categoria aparecerão na legenda do gráfico de pizza e/ou nos rótulos de dados.

Em geral, eis algumas das caraterísticas de um gráfico de pizza:

- Apenas um conjunto de dados é representado no gráfico.
- Todos os valores dos dados são superiores a zero.
- Não existem linhas ou colunas vazias.
- Não deve haver mais do que 7 a 9 categorias de dados, uma vez que demasiados sectores podem desorganizar o seu gráfico e torná-lo difícil de compreender.

Vamos criar um gráfico de pizza utilizando os seguintes dados:

	A	B	C
1	Fruits	Pourcentages	
2	Ananas	36%	
3	Orange	14%	
4	Citron	13%	
5	Raison	28%	
6	Pomme	9%	
7			

2) Inserir um gráfico de pizza na planilha atual.

Depois de ter organizado corretamente os seus dados de origem, selecione-os, aceda ao separador *Inserir* e escolha o tipo de gráfico que pretende. Neste exemplo, criamos o gráfico de pizza 2D mais comum:

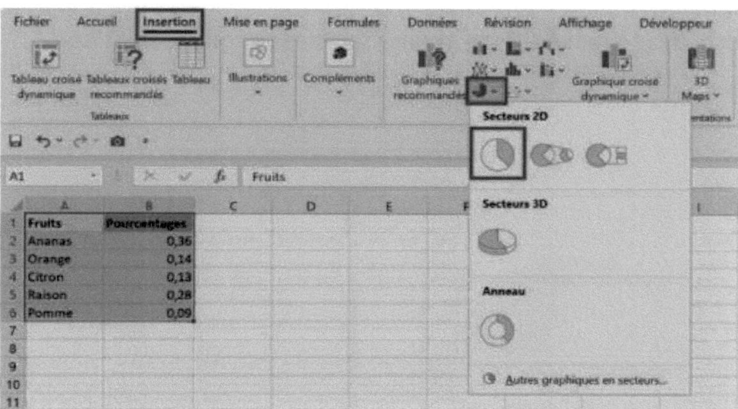

Inclua títulos de coluna ou de linha na seleção se pretender que o título da coluna/valor da linha apareça automaticamente no título do gráfico circular.

3) Escolha o estilo do gráfico de pizza (opcional).

Quando o novo gráfico de pizza estiver inserido na folha de cálculo, pode ir ao separador *"Criação de gráficos"*/grupo *"Gráficos"* e experimentar diferentes estilos de gráficos de pizza para escolher o que melhor se adequa aos seus dados.

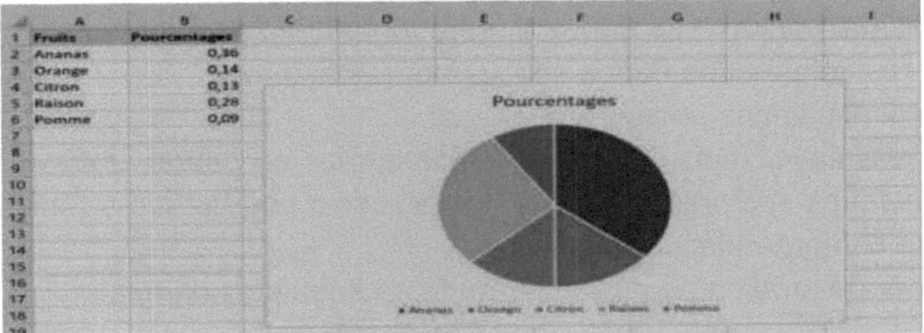

Criar diferentes tipos de gráficos de pizza no Excel

Quando cria um gráfico de pizza no Excel, pode escolher um dos seguintes subtipos:

- Gráfico de pizza 2D
- Gráfico de pizza 3D
- Tarte a tarte ou Barre de tarte
- Gráfico de anéis

Gráficos de pizza 2D do Excel

Este é o gráfico de pizza padrão e mais popular do Excel que você provavelmente usaria com mais frequência. É criado clicando no ícone do gráfico circular 2D no separador *Inserir* / grupo **Gráficos**.

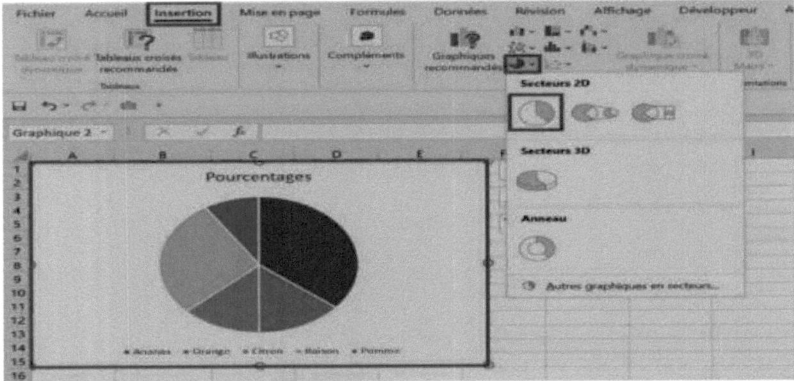

Gráficos de pizza 3D do Excel

Um gráfico de pizza 3D é semelhante a um gráfico de pizza 2D, mas apresenta os dados num terceiro *eixo.*

profundidade (perspetiva).

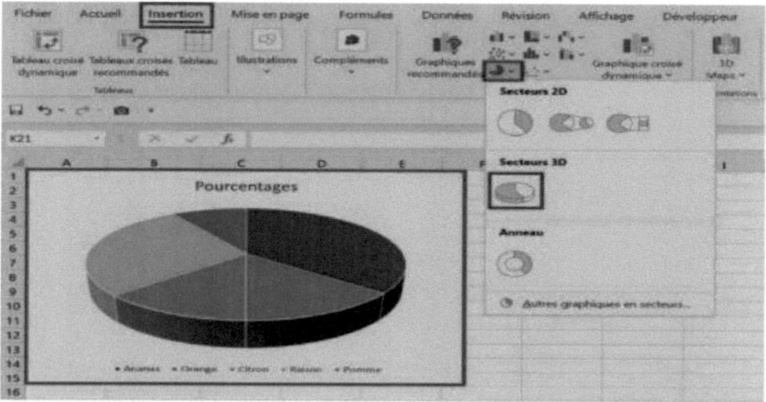

Quando cria gráficos de pizza 3D no Excel, tem acesso a funcionalidades adicionais, como a rotação e a perspetiva 3D.

Gráficos de barras e de pizza

Se o seu gráfico de tartes do Excel tiver demasiadas fatias pequenas, poderá querer criar um gráfico de tartes e apresentar as fatias pequenas numa tarte adicional, que é uma fatia da tarte principal.

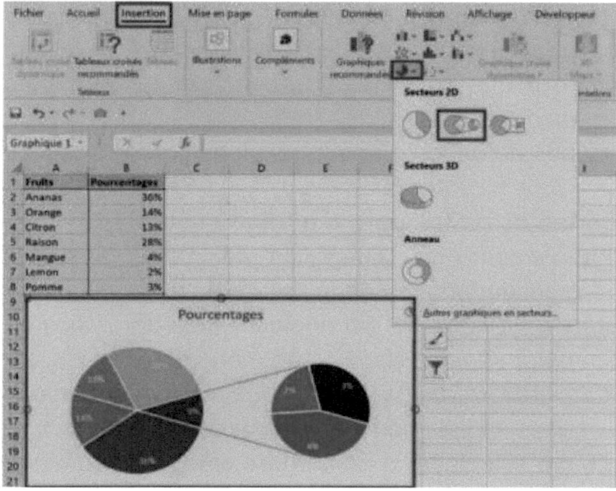

O gráfico de barras de sector é muito semelhante ao gráfico de sectores, exceto pelo facto de os cortes selecionados serem apresentados num gráfico de barras secundário.

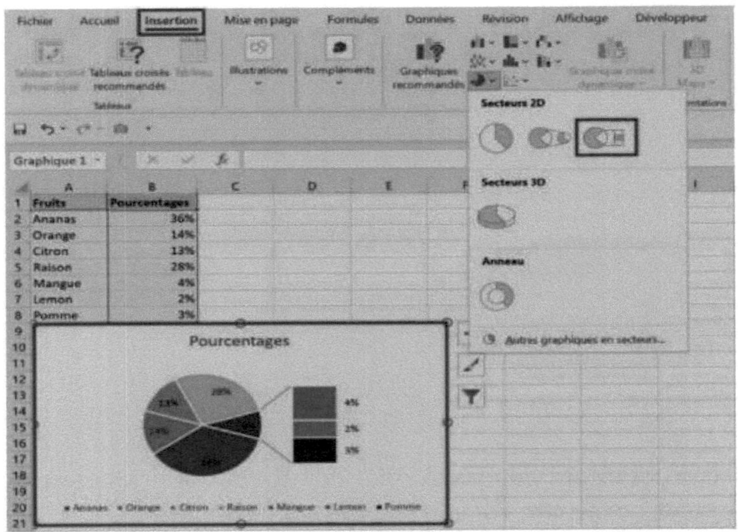

Quando cria um gráfico de barras de sectores no Excel, as últimas 3 categorias de dados são movidas para o segundo gráfico por defeito (mesmo que sejam as maiores categorias!). E porque a escolha predefinida nem sempre funciona bem, pode :

. Ordenar os dados de origem na sua folha de cálculo por ordem descendente, de modo a que os elementos com pior desempenho sejam incluídos no gráfico secundário, ou

- Selecione as categorias de dados a serem movidas para o segundo gráfico.

Escolha das categorias de dados para o gráfico secundário

Para selecionar manualmente as categorias de dados a serem movidas para o gráfico secundário, proceda da seguinte forma:

1. Clique com o botão direito do rato em qualquer fatia do gráfico de pizza e selecione *Formatar série de dados...* no menu de contexto.
2. No painel *Layout da série de dados*, em *Opções de série*, selecione uma das seguintes opções na lista pendente **Separar série de**:

- *Posição* - permite-lhe selecionar o número de categorias a mover para o segundo gráfico.
- *Valor* - permite-lhe especificar um limiar (valor mínimo) abaixo do qual as categorias de dados são movidas para o gráfico adicional.
- *Valor percentual* - é semelhante ao valor, mas aqui especifica-se o limiar percentual.
- *Personalizado* - permite-lhe selecionar manualmente qualquer

fatia do gráfico circular na sua folha de cálculo e, em seguida, especificar se pretende colocá-la no gráfico principal ou secundário.
Na maioria dos casos, a definição do limiar percentual é a escolha mais razoável, mas tudo depende dos seus dados de origem e das suas preferências pessoais. A seguinte captura de ecrã ilustra a divisão do conjunto de dados por *valor percentual*:

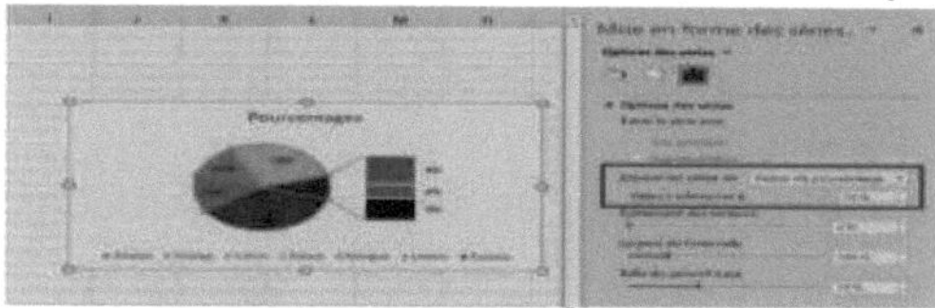

I.2.FORMATAR UM GRÁFICO

A. Formatar o gráfico utilizando o painel "Shape blobs

Selecione o elemento do gráfico (por exemplo, séries de dados, eixos ou títulos), clique com o botão direito do rato sobre ele e clique em **Formatar <elemento do gráfico**>. O painel **Formatar** é apresentado com opções adaptadas ao elemento de gráfico selecionado.

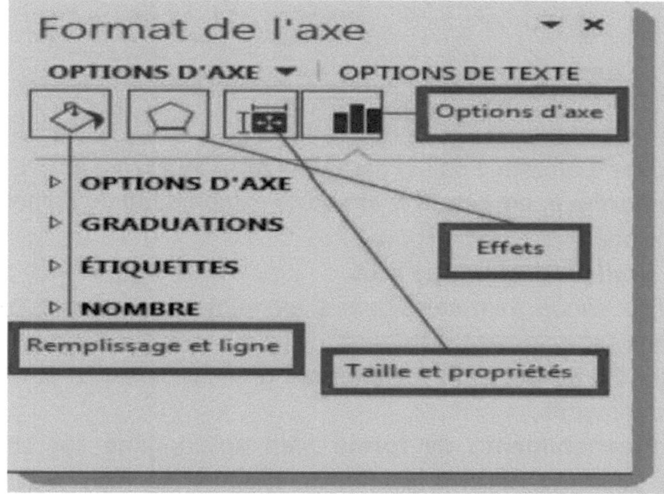

Clicar nos pequenos ícones na parte superior do painel leva-o para outras partes do painel com mais opções. Se clicar noutro elemento do gráfico, verá que o painel Office é automaticamente atualizado para o novo elemento do gráfico.
Por exemplo, para formatar um eixo :
1. Clique com o botão direito do rato no eixo do gráfico e, em seguida, clique em **Formatar eixo**.

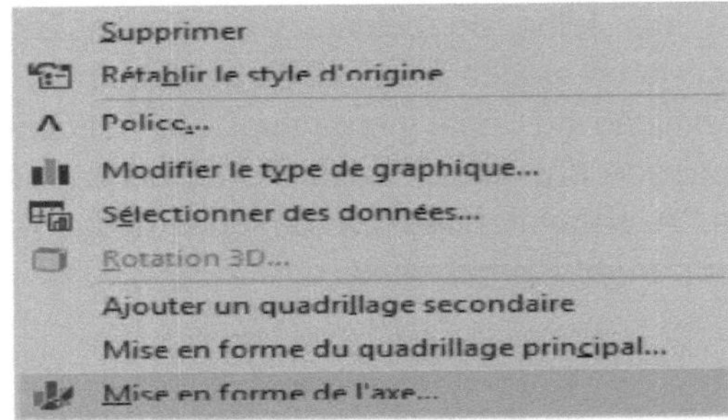

2. No painel Office **Formato do eixo** , efetuar as seguintes alterações desejado.

Pode mover ou redimensionar o painel do Office para o tornar mais fácil de utilizar. Clique no chevron no canto superior direito.

- Selecione **Mover** e arraste o painel para uma nova localização.
- Selecione **Tamanho** e, em seguida, arraste a extremidade do painel para o redimensionar.

B. Formatar o gráfico utilizando o friso

1. No seu gráfico, clique para selecionar o elemento do gráfico que pretende formatar.
2. No separador **Formatar**, em **Ferramentas** gráficas, execute uma das seguintes operações:

- Clique em **Preenchimento de forma** para aplicar uma cor de preenchimento diferente, ou um gradiente, imagem ou textura ao elemento gráfico.

- Clique no **contorno da forma** para alterar a cor, o peso ou o tamanho da forma.

estilo do elemento gráfico.

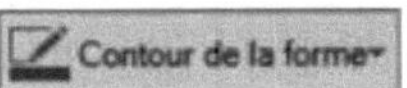

○ Clique em **Efeitos de forma** para aplicar efeitos visuais especiais ao elemento gráfico, tais como sombras, chanfros ou rotação 3D.

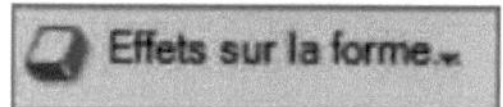

○ Para aplicar um estilo de forma predefinido, no separador **Formato**, no grupo **Estilos de forma**, clique no estilo pretendido. Para visualizar todos os estilos de forma disponíveis, clique no botão **Mais** **0**.

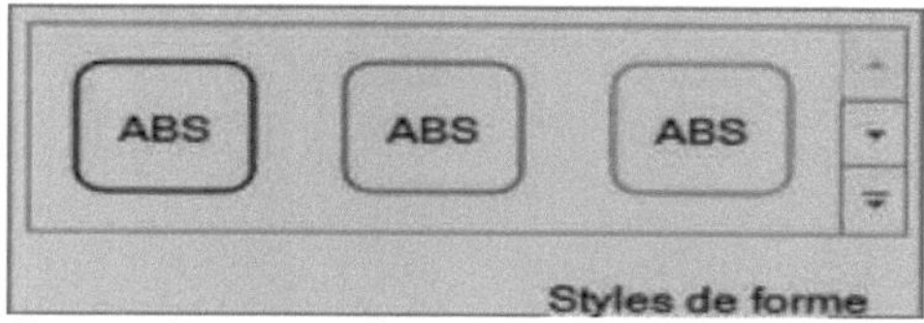

Para alterar o formato do texto no gráfico, selecione o texto e, em seguida, escolha uma opção na mini-barra de ferramentas que aparece. Ou, no separador **Página inicial**, no grupo **Tipo de letra**, selecione a formatação que pretende utilizar.

Para utilizar estilos WordArt para formatar texto, selecione o texto e, em seguida, no separador **Formatar** do grupo **Estilos WordArt**, escolha um estilo WordArt a aplicar. Para exibir todos os estilos disponíveis, clique no botão **Mais**.

CAPÍTULO II

CRIAR UMA BASE DE DADOS

É provável que esteja habituado a utilizar o Excel para tarefas como a preparação de relatórios ou a elaboração de previsões ou orçamentos. No entanto, quando as suas necessidades não justificam a utilização de um sistema completo de gestão de bases de dados (SGBD), o software de folha de cálculo da Microsoft também pode ser utilizado para criar bases de dados rapidamente. As funcionalidades do Excel permitem-lhe gerir as suas colecções simples e consultá-las eficazmente.

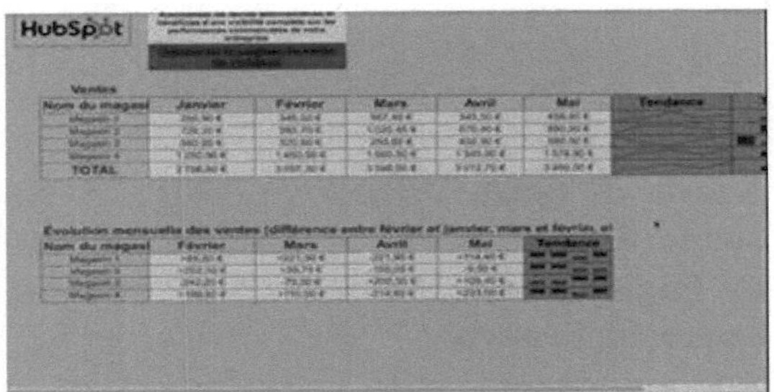

II.1. CRIAR UMA BASE DE DADOS NO EXCEL

São necessários apenas alguns passos simples para criar uma base de dados Excel na qual se pode gerir uma coleção de dados. Uma vez criados os seus registos, pode facilmente ordenar e filtrar a sua coleção, actualizá-la e reorganizá-la conforme necessário e utilizar as poderosas funções de base de dados do Excel para apresentar consultas e cálculos complexos.

Definir os títulos das colunas num novo livro de trabalho

Para começar, abra um novo livro e defina os títulos das colunas na linha 1 do separador **Folha1**, tendo em conta os diferentes tipos de informação que considera relevantes para a sua coleção.

Neste exemplo de uma coleção de apartamentos sob gestão de arrendamento pela qual um agente imobiliário foi encarregado pelo seu gerente de filial, cada linha corresponde a um registo de propriedade. Os cabeçalhos das colunas são definidos com base nas informações que o agente considera relevantes para cada imóvel, de modo a saber rapidamente o que pode oferecer para aluguer entre os imóveis que gere quando são feitos pedidos.

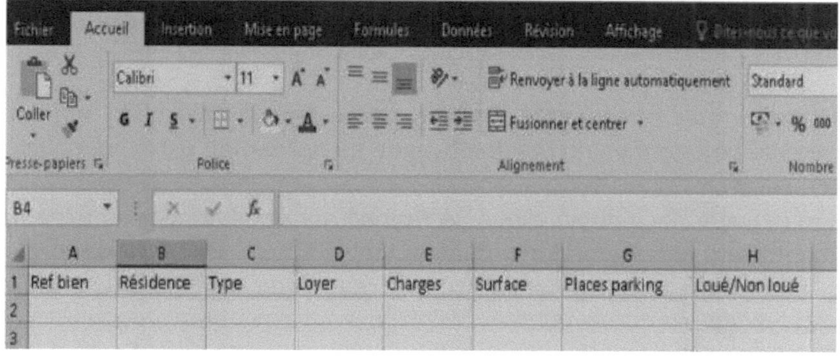

Clique na célula **A1** e introduza o primeiro título da coluna. Clique na célula seguinte, depois introduza o segundo e assim sucessivamente até todos os títulos estarem definidos.

Transformar a sua folha numa tabela de base de dados

Note-se que, nesta fase, para o Excel, a linha 1 não é mais do que uma linha normal de dados. Para que o Excel a considere como a linha que define os campos na sua base de dados, declare-a como a linha de cabeçalho de uma tabela.

Para tal, selecione as células que contêm os títulos e apenas essas células e, em seguida, no separador **Inserir**, escolha **Tabela.**

Na caixa de diálogo **Criar uma tabela**, assinale a caixa **A minha tabela contém cabeçalhos** para que o Excel compreenda que a linha 1 define os campos na sua base de dados. Caso contrário, mudará os dados da linha 1 para a linha 2 e criará automaticamente uma linha de cabeçalhos Coluna1, Coluna2, Coluna3, etc.

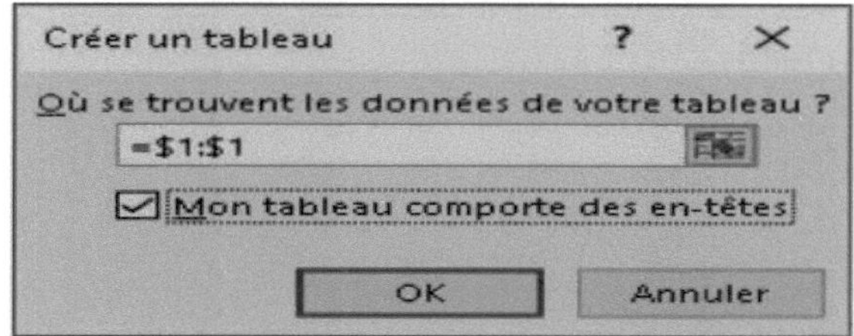

Clique em **OK** para confirmar. Os títulos que especificou na linha 1 são agora reconhecidos pelo Excel como campos na sua base de dados e são ladeados por um ícone de lista pendente que será útil mais tarde para ordenar e filtrar os seus dados.

Observe que o comando **Definir como tabela**, discutido abaixo, permite obter o mesmo resultado, além de aplicar um estilo específico à sua tabela.

Em seguida, faça duplo clique na **Folha1**, na parte inferior da folha, e renomeie o separador como desejar, por exemplo, **Base de dados**, e guarde a sua base de dados com um nome que seja explícito para a sua coleção.

Configuração de campos para limitar os erros de introdução

Para limitar os erros de entrada na sua base de dados, pode criar regras de validação para o conteúdo das células. O Excel verificará em tempo real se as entradas estão em conformidade com as regras aplicáveis e informá-lo-á de quaisquer erros de introdução detectados.

Por exemplo, é possível utilizar essas regras de validação para restringir a entrada aos itens de uma determinada lista, proibir a entrada de números, datas ou horas fora de um determinado intervalo de valores ou limitar o comprimento do texto introduzido. Pode mesmo utilizar uma fórmula para verificar a validade de uma entrada, tendo em conta o valor de outras células.

Para aplicar uma regra de validação a uma coluna, marcar a coluna e, em seguida, na guia **Dados**, em **Validação de dados**, selecionar **Validação de dados**. Neste exemplo, o agente optou por não permitir a introdução de qualquer outro valor para além de T2, T3, T4 ou T5 no campo **Tipo**, uma vez que atualmente não tem outros tipos de propriedades na sua carteira.

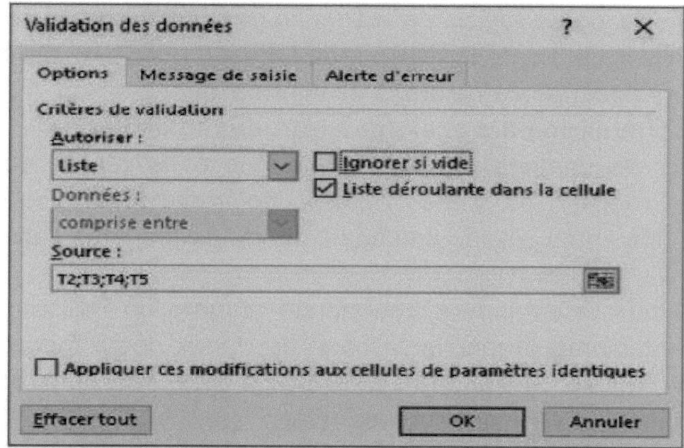

Pode configurar uma mensagem de alerta no caso de um erro de entrada. Para isso, na mesma janela, abra o separador **Alerta de erro** e especifique a mensagem que será apresentada se ocorrer um erro. Em **Estilo**, pode fazer com que a regra de validação impeça qualquer entrada que não seja um valor válido, selecionando **Parar**.

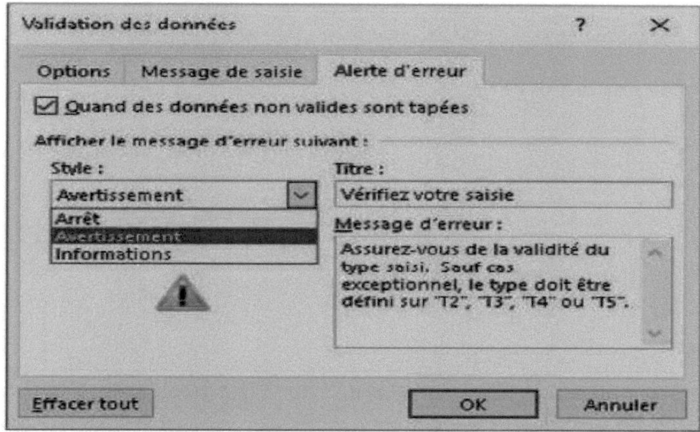

Confirme a sua regra clicando em **OK**.

Neste exemplo, apenas será apresentada uma mensagem de aviso no caso de um erro de introdução no campo **Tipo**, embora isso não impeça que o valor detectado como inválido seja introduzido se o utilizador o confirmar.

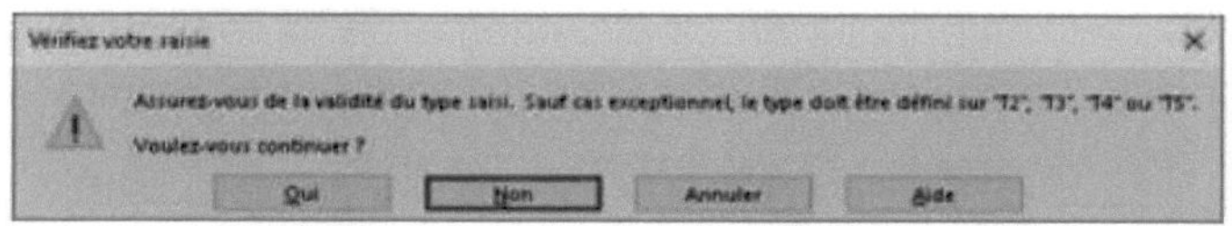

Da mesma forma, configure regras de validação para cada campo ao qual pretende aplicar um controlo de entrada, assegurando em cada caso que a regra é adequada à natureza da informação.

Criação de um formulário para acelerar a introdução de dados

Depois de definir os campos da base de dados e as regras de validação, pode registar os seus registos no modo "clássico", preenchendo as diferentes células de cada linha de dados, uma linha de cada vez.

Quando existem muitos campos e um grande número de registos, pode tornar-se entediante preencher a base de dados desta forma. Para tornar a introdução de dados mais rápida e fácil, pode utilizar uma máscara de entrada para criar um formulário.

Para tornar a função **Formulário** disponível no friso, em **Ficheiro**, selecione **Opções** e, em seguida, na caixa de diálogo **Opções do Excel**, clique em **Personalizar friso**.

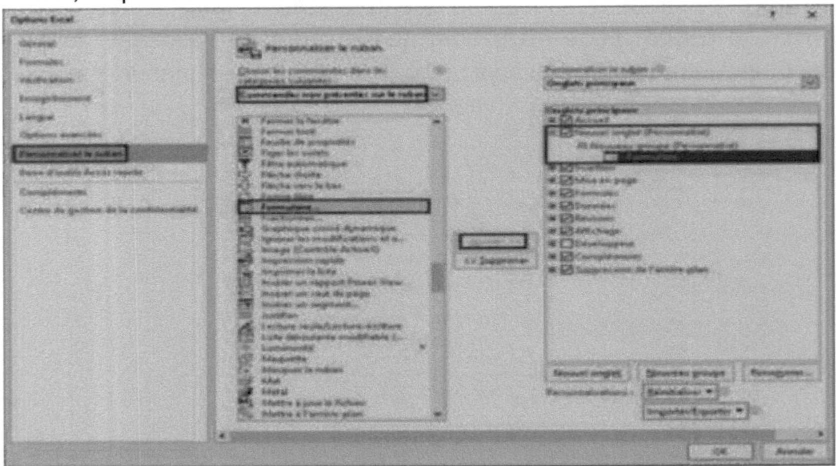

Escolha a **opção Comandos na Faixa de Opções**, selecione o comando **Formulário** e adicione-o a um **Novo Grupo** num **Novo Separador**.

Para definir a sua máscara de entrada, selecione as células que definem os campos na sua base de dados e apenas essas células e, em seguida, no **separador Novo** na Faixa de Opções, clique em **Formulário.**

O formulário que aparece inclui automaticamente os vários campos da sua base de dados numa máscara de entrada que facilita a introdução de dados.

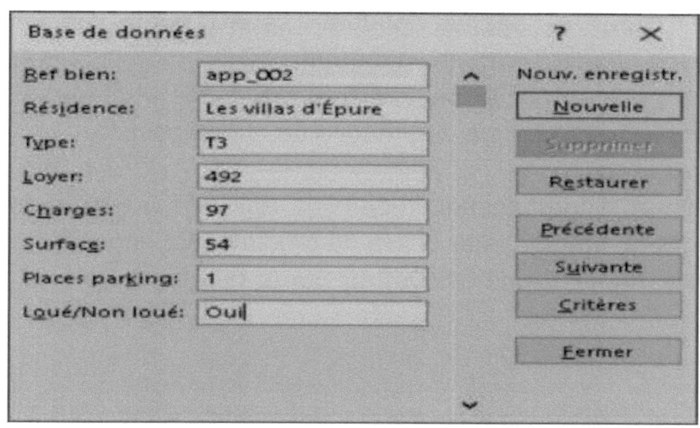

Depois de preencher os campos do seu primeiro registo, clique em **Novo** para o validar. O registo é automaticamente inserido na tabela da sua base de dados, com a zona de delimitação a estender-se para baixo em conformidade.

Introduza os registos seguintes da mesma forma. **Os** botões **Seguinte** e **Anterior** no formulário permitem-lhe navegar pelos seus registos, modificando-os ou eliminando-os conforme necessário. Quando tiver terminado, clique em **Fechar**.

Na sua tabela, os ícones pendentes associados aos nomes dos campos permitem-lhe ordenar e filtrar os seus registos.

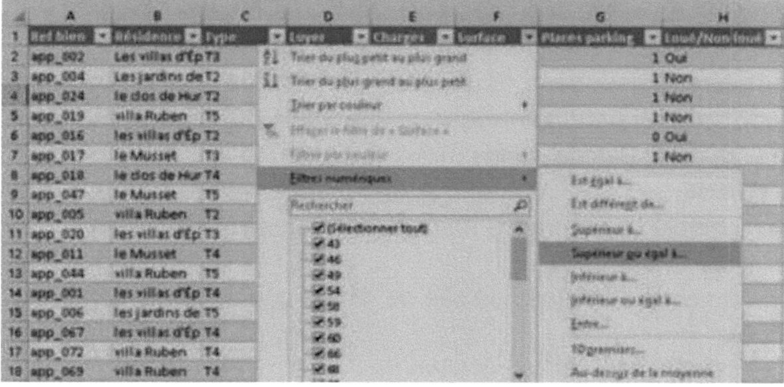

Aqui, por exemplo, o filtro numérico **Maior ou igual a** aplicado ao campo **Área de superfície** produzirá uma lista de todos os apartamentos com uma área de superfície maior ou igual a um determinado número de metros quadrados. Combinando este filtro com um segundo, aplicado ao campo "Arrendado/Não arrendado" e definido como **Sim**, o agente poderá saber quais destes apartamentos pode oferecer para arrendamento.

Isto significa que pode combinar vários filtros, aplicados a diferentes campos, para isolar exatamente a informação de que necessita.

Formatação de dados

Se pretender alterar a formatação predefinida aplicada à tabela da base de dados, clique em qualquer célula da tabela e, em seguida, no separador **Página inicial**, clique em **Definir como tabela.**

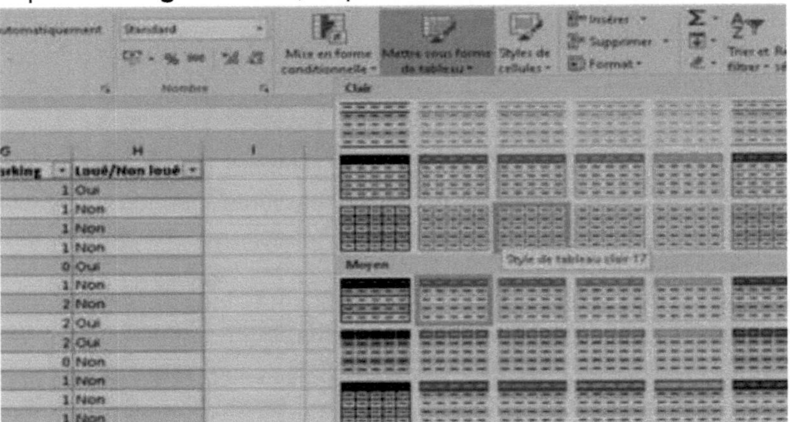

Passe o cursor sobre os diferentes estilos para pré-visualizar o seu aspeto na tabela e, em seguida, clique no que pretende aplicar.

Funções úteis do Excel para uma base de dados

O Excel oferece uma série de funções de base de dados poderosas que pode utilizar para interrogar a sua base de dados e efetuar cálculos em amostras de dados.

BDMOYENNE

Devolve a média das entradas da base de dados selecionadas.

BDNB

Conta o número de células na base de dados que contêm números.

BDNBVAL

Conta as células não vazias na base de dados.

BDLIRE

Extrair da base de dados um único registo que satisfaça os critérios.

BDMAX

Devolve o valor máximo das entradas da base de dados selecionadas.

BDMIN

Devolve o valor mínimo das entradas da base de dados selecionadas.

BDPRODUIT

Multiplica os valores de um determinado campo nos registos da base de dados que satisfazem os critérios especificados.

BDECARTYPE

Calcula o desvio padrão para uma amostra de entradas de base de dados selecionadas.

BDECARTYPEP

Calcula o desvio padrão para toda uma população de entradas de base de dados selecionadas.

BDSOMME

Adiciona os números na coluna de campo dos registos da base de dados que satisfazem os critérios.

BDVAR

Calcula a variância para uma amostra de entrada básica de

CAPÍTULO III

FUNÇÃO ESTATÍSTICA

111.1. DEFINIÇÃO

As funções estatísticas são funções que **permitem efetuar análises estatísticas sobre números** (e sobre datas e horas, no caso de certas funções).

111.2. FUNÇÃO MÍNIMA

Qual é o objetivo da função MIN no Excel?

A função MIN do Excel **apresenta o valor mais pequeno de uma determinada seleção.**

A identificação de um mínimo no Excel pode ser útil para compilar estatísticas ou simplesmente destacar a idade mais jovem num grupo, a nota mais baixa num exame ou o volume de negócios mensal mais baixo num determinado ano ou região. A opção MÍNIMO no Excel torna os dados mais fáceis de ler e analisar.

Sintaxe da função MIN no Excel

Para identificar o mínimo no Excel, aplique a função **=MIN(intervalo_de_valores)** se estiver à procura de um número mínimo num intervalo de células, ou **=MIN(valor_1; valor_2; valor_3; etc.)** se estiver à procura de uma lista de valores.

Os argumentos do MIN no Excel podem ser :

. números ;

. nomes ;

- matrizes ;
- referências que contenham números.

Note-se que as células vazias não são tidas em conta, nem os valores lógicos ou o texto são incluídos na matriz ou referência. Apenas os números e os valores de erro destes elementos são considerados quando se utiliza uma fórmula MIN Excel. Além disso, se os argumentos introduzidos não puderem ser convertidos em números, a folha de cálculo apresentará um erro. Além disso, o valor 0 é gerado automaticamente quando os argumentos não contêm quaisquer números.

Exemplo de utilização da função MIN

Vejamos uma tabela que mostra os valores de vendas de uma empresa para cada cidade em que está sediada, ao longo de vários anos. Se quiser **ver o volume de negócios mais baixo** em cada cidade para todos os anos, vá para a célula da sua escolha e introduza =MIN. A folha de cálculo sugere a função que procura, na qual deve fazer duplo clique.

Em seguida, selecione o intervalo que contém todos os valores de vendas anuais para a primeira cidade e feche os parênteses na fórmula MIN do Excel antes de premir a tecla "Enter". O valor apresentado é, portanto, o **menor volume de negócios alcançado na primeira cidade**, independentemente do ano.

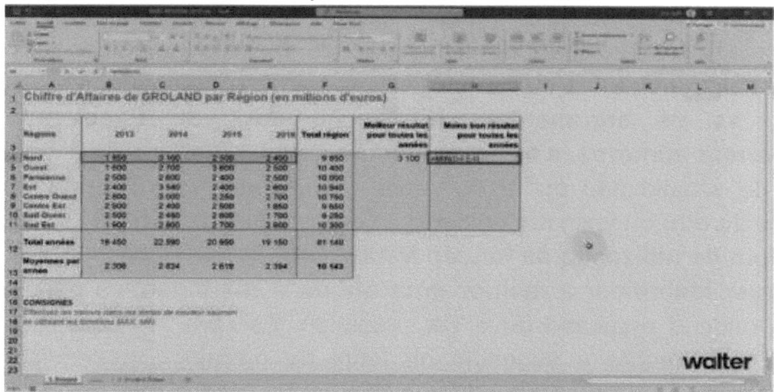

Para alargar a função MIN a outras cidades sem repetir a operação, utilize a cópia incremental. Isto dar-lhe-á o valor mais baixo de cada cidade num relance.

111.3. FUNÇÃO MÁXIMA

Quando é que se deve utilizar a função MAX no Excel?

A fórmula MAX do Excel é utilizada para **identificar o maior número** numa série de valores. Assim, se precisar de saber qual o elemento da sua base de dados que contém a pontuação mais elevada ou a nota mais elevada, esta é a fórmula a utilizar. É muito popular porque poupa muito tempo.

Por conseguinte, a aprendizagem do Excel exige o conhecimento desta função. Também pode ser útil para produzir estatísticas e identificar a frequência com que um determinado valor máximo aparece numa determinada região do mundo, por exemplo.

Sintaxe da função MAX no Excel

Para aplicar corretamente o MAX no Excel, é necessário conhecer a sua sintaxe, que é a seguinte:

. **=MAX(intervalo_de_valores)** se estiver à procura de um valor máximo num intervalo de células ;

. **=MAX(valor_1; valor_2; valor_3; etc.)** se a sua pesquisa for para uma lista de valores.

Os argumentos a serem inseridos na sua fórmula MAX Excel podem ser nomes, matrizes, números ou referências que contenham números. Se adicionar uma matriz ou uma referência, note que apenas os valores de erro destes, bem como os números, são tidos em conta.

Também pode introduzir valores lógicos e representações textuais de números diretamente na lista dos seus argumentos; estes serão tidos em conta. Por outro lado, as células vazias, os valores lógicos ou o texto contido na matriz ou na referência serão ignorados. Da mesma forma, **se os argumentos da função MAX do Excel não contiverem números, a folha de cálculo devolve 0**. Por último, se a folha de cálculo não puder converter argumentos sob a forma de valores de erro ou texto em números, é apresentado um erro.

Exemplo de utilização da função MAX

Se quiser **identificar a melhor nota obtida** numa turma, vá para a célula onde o resultado deve ser recolhido. Escreva =MAX e faça duplo clique sobre a sugestão na folha de cálculo. Em seguida, selecione com o rato o intervalo que contém as suas notas, feche os parênteses e confirme com a tecla "Enter".

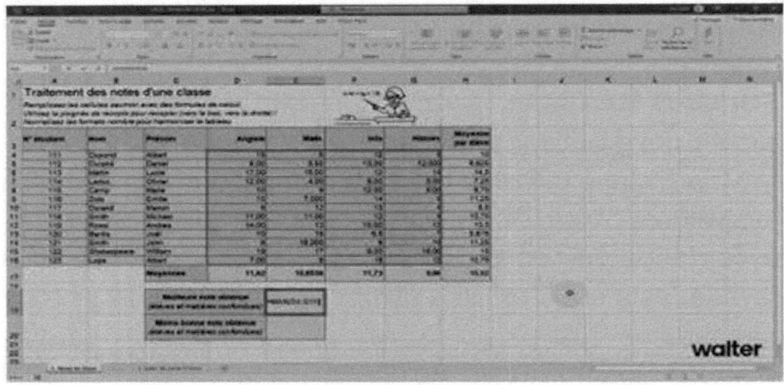

Todo o intervalo foi analisado pela folha de cálculo e o valor gerado pela utilização de MAX no Excel corresponde à nota máxima obtida na sua turma.

111.4. MÉDIA

A. Cálculo de uma média simples

1. Selecionar as células A2 a A7 (valores na coluna Qualidade do l'unite).

2. Σ, Σ No **separador Fórmulas,** clique na seta em para a função

clique em **Média.**

O resultado é 8.166666667.

B. Calcular a média para células não adjacentes

1. Selecione a célula em que pretende que a média apareça, por exemplo, a célula A8, que é a célula à esquerda da célula que contém o texto "Qualidade média da unidade" nos dados de exemplo.

2. No **separador Fórmulas,** clique na seta L?J da função **#x0,** clique em Média e, em seguida, prima Return.

3. Clique na célula que contém a média que acabou de criar (célula A8, neste exemplo).

A fórmula é exibida na barra de fórmulas, **=MOYENNE(A2:A7)** se estiver a utilizar dados de exemplo.

4. Na **barra de fórmulas,** selecione o conteúdo entre parênteses (**A2:A7** se estiver a utilizar dados de exemplo).

5. Mantenha premida a tecla , clique nas células que pretende calcular a média e, em seguida, prima Return. Por exemplo, selecione A2, A4 e A7 e, em seguida, prima Return.

Excel a referência de intervalo selecionada na função MÉDIA com referências de células para as células que selecionou. Neste exemplo, o resultado é 8.

C. Cálculo de uma média ponderada

Este exemplo calcula o preço médio pago por uma unidade para todas as encomendas, em que cada encomenda é para um número diferente de unidades a um preço diferente por unidade.

1. Selecione a célula A9, que é a célula à esquerda da célula que contém o texto "Preço médio por unidade".

2. No **separador Fórmulas,** clique em **Inserir** uma função para abrir o painel **Designer de fórmulas**.

3. Na lista do **Designer** de fórmulas, desloque-se para baixo e faça duplo clique em **SOMMEPROD.**

Sugestão: Para encontrar rapidamente uma função, clique **na** caixa Procurar uma função e, em seguida, comece a escrever o nome da função. Por exemplo, comece a digitar **SOMMEPROD.**

4. Clique na caixa abaixo de **matrix1 e**, em seguida, na folha, selecione as células B2 a B7 (valores na coluna Preço por unidade).

5. Clique na caixa abaixo de **matrix2 e**, em seguida, na folha, selecione as células C2 a C7 (valores na coluna Número de unidades encomendadas).

6. Na barra de fórmulas, clique à direita do parêntese de fecho na

fórmula e, em seguida, escreva /.

Se não vir a barra de fórmulas, **no** menu Ver, clique em Barra **de fórmulas**.

7. Na lista **do designer de** fórmulas, faça duplo clique em **SUM.**

8. Selecione o intervalo na **área number1,** prima DELETE e, em seguida, na folha, selecione as células C2 a C7 (valores na coluna Número de unidades).

A barra de fórmulas deve agora conter a seguinte fórmula: =SOMMEPROD(B2:B7;C2:C7)/SOMME(C2:C7).

9. Prima RETURN.

Esta fórmula divide o custo total de todas as encomendas pelo número total de unidades encomendadas, obtendo-se uma média ponderada por unidade de 29,38297872.

D. Cálculo de uma média que ignora valores específicos

É possível criar uma fórmula que exclua valores específicos. Neste exemplo, vai-se criar uma fórmula para calcular a qualidade média de todas as unidades cuja reavaliação é superior a 5.

1. Selecione a célula A10, que é a célula à esquerda da célula que contém o texto "Qualidade média de todas as unidades com uma pontuação superior a 5".

2. No **separador Fórmulas,** clique em **Inserir** uma função para abrir o painel **Designer de fórmulas**.

3. Na lista **do designer de** fórmulas, faça duplo clique em **AVERAGE.SI.**

Sugestão: Para encontrar rapidamente uma função, clique **na** caixa Procurar uma função e, em seguida, comece a escrever o nome da função. Por exemplo, comece a digitar **AVERAGE.IF.**

4. Clique na caixa junto ao intervalo e, em seguida, na folha, selecione as células A2 a A7 (valores na coluna Preço por unidade).

5. Clique na caixa ao lado do **critério e**, em seguida, escreva **">5"**.

6. Prima RETURN.

A fórmula exclui o valor da célula A7 deste cálculo e produz uma qualidade unitária média de 8,8.

Sugestão: Para utilizar a função **AVERAGE.IF** para calcular uma média que exclui valores zero numa lista de números, escreva **"<>0"** no campo junto ao **critério**.

111.5.50 MME, DESVIO PADRÃO, VARIÂNCIA

111.5.51 SOMME

O objetivo da função SOMA no Excel é adicionar valores. Utilizando esta função, é possível :

- adicionar valores individuais ;
- referências ;
- intervalos de células ;
- uma combinação das três opções.

Vejamos alguns exemplos da fórmula SUM do Excel:

- =SUM(A2:A9): esta fórmula adiciona os valores das células A2 a A9 ;
- =SUM(A2: A9; C1:C8): adiciona os valores nas células A2:A9, bem como nas células C1:C8.

A função :

O Excel permite-lhe **calcular a soma dos valores de um intervalo** que satisfaçam o critério especificado. Por exemplo, numa coluna que contenha números, apenas se pretende calcular a soma dos valores superiores a 6, pelo que se pode utilizar a seguinte fórmula: =SUM.SI (B2:B25,">6").

Além disso, **a função SUM.SI.ENS do Excel adiciona todos os seus argumentos**, sendo que a soma de todos os seus argumentos satisfaz vários critérios.

1. Utilizar a soma automática

Graças à função SUM do Excel, o software pode efetuar operações matemáticas por si:

- **adicionar a soma de uma coluna do Excel** ;
- adicionar uma linha numérica.

Para tal, tem de selecionar uma célula junto aos números que pretende somar e, em seguida, clicar em "Soma automática" no separador "Página inicial". Em seguida, prima "Enter". Depois de clicar em **Soma Automática do Excel**, o Excel insere automaticamente uma fórmula para somar os números.

Por fim, prima "Enter" para visualizar o resultado na célula B7. Também pode **visualizar a fórmula de adição do Excel** na barra dedicada na parte superior da janela do Excel.

2. Adicionar vários números numa célula

Para adicionar células que contêm vários números, é necessário :

- clique numa célula vazia e escreva o sinal de igual (=) para começar a escrever a fórmula;

- Após o sinal de igual, introduza alguns números, todos separados por um sinal de mais (+) (por exemplo, 30+20+10+2);
- Prima "Voltar".

3. Somar números utilizando referências de células

Uma referência de célula é a combinação da letra da coluna com o número da linha (por exemplo, A3 ou D234). Quando se utilizam referências de células numa fórmula, em vez do valor da célula, é possível alterar o valor sem alterar a fórmula.

Para tal:

1. Escreva um número na célula C1 e um número na célula D1.

2. Escreva um sinal de igual (=) na célula E1 para começar a construir a fórmula.

3. Após o sinal de igual, digite C1+D1.

4. Premir "Voltar".

5. Total rápido de uma linha ou coluna

Para efetuar um total rápido a partir de uma linha ou coluna, é necessário :

- digite alguns números numa coluna ou linha e, em seguida, selecione o intervalo de células que acabou de preencher;
- Observe o valor apresentado na barra de estado junto a "Soma".

III.5.2.GAP

Ao calcular o desvio padrão, é possível refinar o resultado retornado por uma MÉDIA. Vamos ver como usá-lo no Excel

1. Interesse do desvio padrão

Vejamos o caso de uma turma de 10 alunos

. No exame A, todos os alunos obtiveram 10; a média é obviamente 10.

. No exame B, 5 alunos obtiveram 0 e 5 alunos obtiveram 20. **A média é, mais uma vez, 10**

Como se pode imaginar, a análise que se pode fazer é radicalmente diferente entre os dois exames, **embora a média seja a mesma.**

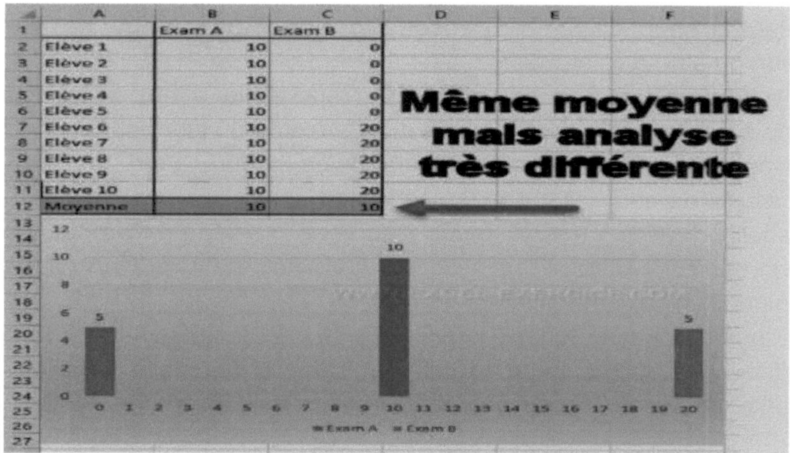

	Exam A	Exam B
Elève 1	10	0
Elève 2	10	0
Elève 3	10	0
Elève 4	10	0
Elève 5	10	0
Elève 6	10	20
Elève 7	10	20
Elève 8	10	20
Elève 9	10	20
Elève 10	10	20
Moyenne	10	10

É aqui que o cálculo do **desvio-padrão** nos ajudará **a analisar** melhor **a nossa média.**

2. Calcular o desvio padrão no Excel

O desvio padrão é simplesmente calculado utilizando a função **ECARTYPE(Intervalo de células)**.

Aplicado ao nosso exemplo, encontramos 0 para o primeiro caso e 10,54 para o segundo.

=ECARTYPE(B2:B11) => 0

=ECARTYPE(C2:C11) => 10,54

B13 =ECARTYPE(B2:B11)

	Exam A	Exam B
Elève 1	10	0
Elève 2	10	0
Elève 3	10	0
Elève 4	10	0
Elève 5	10	0
Elève 6	10	20
Elève 7	10	20
Elève 8	10	20
Elève 9	10	20
Elève 10	10	20
Moyenne	10	10
Ecart-Type	0	10,5409255

O que significam estes resultados?

- Para o primeiro resultado, **0** indica que não há diferença entre a minha média e os valores.

• Para a segunda série, **o resultado está muito longe de 0** e excede mesmo o valor médio.

Por outras palavras, o desvio padrão representa a dispersão dos dados em torno da média. Quanto mais próximo o valor estiver de 0, mais os dados estudados estão centrados na média.

3. Estudo de caso: Bandas de Bollinger

Na análise gráfica - a análise dos preços do mercado de acções - o desvio padrão é utilizado para determinar sinais de compra e venda utilizando bandas de Bollinger.

Se o preço da ação tocar a média móvel + 2 desvios padrão, isso significa que o preço da ação subiu demasiado depressa. Trata-se, portanto, de um sinal de venda.

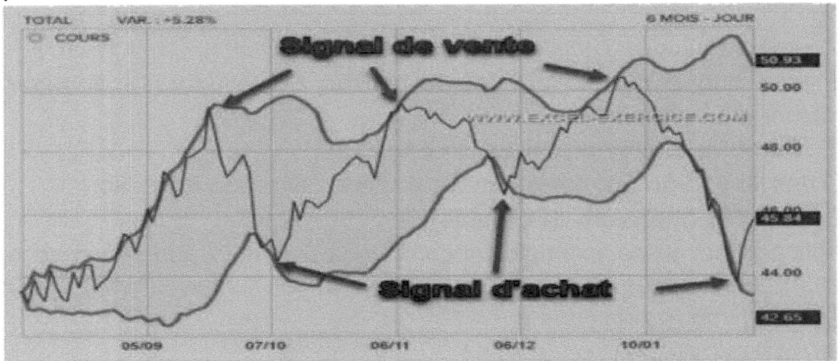

III.5.3.VARIÂNCIA

A variância é uma medida da variabilidade de um conjunto de dados, indicando o grau de distribuição dos diferentes valores.

Matematicamente, define-se como a média dos desvios em relação à média.

Para compreender melhor o que está realmente a calcular com a variância, considere este exemplo simples.

Suponhamos que existem 5 tigres no jardim zoológico local com 14, 10, 8, 6 e 2 anos de idade.

Para encontrar a variância, siga estes passos simples:

1. Calcula a média (média simples) dos cinco números:

$$Mean = \frac{14 + 10 + 8 + 6 + 2}{5} = 8$$

2. De cada número, subtrai-se a média para encontrar as diferenças. Para visualizar isto, desenha as diferenças no gráfico:

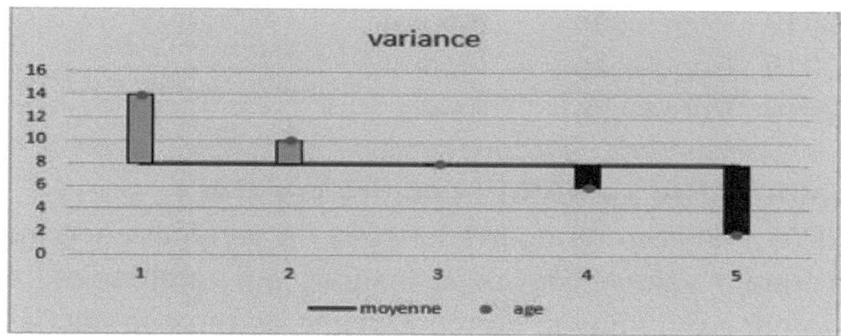

3. Verifica cada diferença.
4. Calcular a média das diferenças ao quadrado.

$$Variance = \frac{6^2 + 2^2 + 0^2 + (-2)^2 + (-6)^2}{5} = 16$$

Portanto, a variância é 16. Mas o que é que este número significa realmente?

Na realidade, a variância dá-nos apenas uma ideia muito geral da dispersão do conjunto de dados. Um valor de 0 significa que não há variabilidade, por outras palavras, que todos os números no conjunto de dados são idênticos. Quanto maior for o número, mais dispersos são os dados.

Este exemplo refere-se à variância da população (ou seja, 5 tigres representam todo o grupo em que está interessado). Se os dados forem uma seleção de uma população maior, é necessário calcular a variância da amostra utilizando uma fórmula ligeiramente diferente.

1. Como calcular a variância no Excel

Existem 6 funções incorporadas para calcular a variância no Excel: VAR( ), VAR.S( ), VARP( ), VAR.P( ), VARA( ) e VARPA( ).

A escolha da fórmula de variância é determinada pelos seguintes factores:

> A versão do Excel que está a utilizar.
> A variância da amostra ou da população.
> Pretende-se avaliar ou ignorar texto e valores lógicos.

A tabela seguinte apresenta uma visão geral das funções de variação disponíveis no Excel para o ajudar a escolher a fórmula mais adequada às suas necessidades.

Nome	**Versão Excel**	**Tipo de dados**	**Texto e lógica**
VAR	2000 - 2019	Amostra	Ignorar
VAR.S	2010 - 2019	Amostra	Ignorar
VARA	2000 - 2019	Amostra	Avalia

VARPE	2000 - 2019	População	Ignorar
VAR.P	2010 - 2019	População	Ignorar
VARPA	2000 - 2019	População	Avalia

2. VAR.S( ) contra VARA( ) e VAR.P( ) contra VARPA( )

VARA( ) e VARPA( ) diferem de outras funções de variância apenas na forma como tratam valores lógicos e textuais em referências. A tabela a seguir fornece um resumo do modo como as representações textuais de números e valores lógicos são avaliadas.

3. Cálculo da variância da amostra

Uma amostra é um conjunto de dados extraídos da população como um todo. A variância calculada a partir de uma amostra é designada por variância amostral.

Por exemplo, se quisermos saber como varia a altura das pessoas, seria tecnicamente impossível medir todas as pessoas do mundo. A solução é recolher uma amostra da população, digamos 1.000 pessoas, e estimar o tamanho de toda a população com base nessa amostra.

A variância da amostra é calculada através desta fórmula:

$$Sample\ variance = \frac{\sum(x - \bar{x})^2}{(n - 1)}$$

Ou:

-k xé a média (média simples) dos valores da amostra.

-k **n** é a dimensão da amostra, ou seja, o número de valores na amostra.

Existem 3 funções para encontrar a variância da amostra no Excel: VAR( ), VAR.S( ) e VARA( ).

Função VAR( ) no Excel

Esta é a função mais antiga do Excel para estimar a variância com base numa amostra. A função VAR( ) está disponível em todas as versões do Excel de 2000 a 2019.

= VAR(número1; [número2]; ...)

No Excel 2010, a função VAR( ) foi substituída por VAR.S( ), que oferece maior precisão. Embora VAR( ) ainda esteja disponível para compatibilidade com versões anteriores, recomenda-se que VAR.S( ) seja utilizado nas versões actuais do Excel.

Função VAR.S( ) no Excel

Este é o equivalente moderno da função VAR( ) do Excel. Use a função VAR.S( ) para encontrar a variância da amostra no Excel 2010 e versões posteriores.

= VAR.S(número1, [número2], ...)

A. Função VARA( ) no Excel

A função VARA( ) do Excel devolve uma amostra de variância com base num conjunto de números, texto e valores lógicos, como mostra a tabela acima.

B. = VARA(valor1; [valor2]; ...)

Exemplo de uma fórmula de variância

Ao trabalhar com um conjunto de dados numéricos, pode utilizar uma das funções acima para calcular a variância da amostra no Excel.

Como exemplo, vamos encontrar a variância de uma amostra composta por 5 elementos (B2:B6). Para o fazer, pode utilizar uma das fórmulas abaixo:

=VAR(B2:B6)

=VAR.S(B2:B6)

=VARA(B2:B6)

Como mostra a captura de ecrã, todas as fórmulas apresentam o mesmo resultado (arredondado a 2 casas decimais):

	A	B	C	D	E	F
1	Etudiant	Note			Variance	
2	Nana	90		VAR	122,70	=VAR(B2:B11)
3	Kamga	65		VAR.S	122,70	=VAR.S(B2:B11)
4	Onana	78		VARA	122,70	=VARA(B2:B11)
5	Atangana	93				
6	Faleu	80				
7						

Para verificar o resultado, vamos calcular a variância manualmente:

1. Encontre a média utilizando a função AVERAGE: **=AVERAGE(B2:B6)**

A média vai para qualquer célula vazia, por exemplo, B7.

2. Subtrair a média de cada número da amostra: **=B2-B7**

As diferenças vão para a coluna C, começando em C2.

3. Elevar ao quadrado cada diferença e colocar os resultados na coluna D de , começando por D2: **=C2^2**

4. Adicionar as diferenças ao quadrado e dividir o resultado pelo número elementos da da amostra menos 1:

=SOMA(D2:D6)/(5-1)

Como pode ver, o resultado do nosso cálculo de variação manual é exatamente o mesmo que o número devolvido pelas funções integradas do Excel:

G6 =SOMME(D2:D6)/4

	A	B	C	D	E	F	G	H
1	Etudiant	Note	Diff	Diff^2			Variance	
2	Nana	90	8,8	77,44		VAR	122,70	=VAR(B2:B11)
3	Kamga	65	-16,2	262,44		VAR.S	122,70	=VAR.S(B2:B11)
4	Onana	78	-3,2	10,24		VARA	122,70	=VARA(B2:B11)
5	Atangana	93	11,8	139,24				
6	Faleu	80	-1,2	1,44		Calcul manuel	122,70	=SOMME(D2:D11)/4
7	MOYENNE	81,2						
8								

Se o conjunto de dados contiver valores booleanos e/ou de texto, a função VARA( ) devolverá um resultado diferente. A razão para isto é que VAR( ) e VAR.S( ) ignoram todos os valores não numéricos nas referências, enquanto VARA( ) avalia os valores de texto como zeros, TRUE como 1 e FALSE como 0. Por isso, escolha cuidadosamente a função de variância para os seus cálculos, dependendo se pretende tratar ou ignorar texto e lógica.

5. Como calcular a variância da população

A população é o conjunto de membros de um determinado grupo, ou seja, todas as observações no domínio de estudo. A variância da população descreve a distribuição dos pontos de dados na população como um todo.

A variância da população pode ser encontrada através desta fórmula:

$$Population\ variance = \frac{\sum(x - \bar{x})^2}{n}$$

Ou:

- xé a média da população.
- n é o tamanho da população, ou seja, o número total de valores na população.

5. Fórmula de desvio no Excel - notas sobre a utilização

Para efetuar corretamente a análise de variância no Excel, siga estas regras simples:

- Fornecer argumentos sob a forma de valores, tabelas ou referências de células;
- No Excel 2007 e versões posteriores, pode fornecer até 255 argumentos correspondentes a uma amostra ou população; no Excel 2003 e versões anteriores - até 30 argumentos;

- Para avaliar apenas os **números** nas referências, ignorando células vazias, texto e valores lógicos, utilize a função VAR( ) ou VAR.S( ) para calcular a variância da amostra e VAR.P( ) ou VAR.P.N( ) para encontrar a variância da população;
- Para avaliar valores **lógicos** e **textuais** em referências, utilizar a função VARA( ) ou VARPA( );
- Forneça pelo menos **dois valores numéricos** a uma fórmula de variância da amostra e pelo menos **um valor numérico** a uma fórmula de variância da população no Excel, caso contrário ocorrerá um erro #DIV/0!
- Os argumentos que contêm texto que não pode ser interpretado como números causam erros #VALUE!

A variância é, sem dúvida, um conceito útil em ciência, mas dá muito pouca informação prática. Por exemplo, descobrimos as idades da população de tigres num jardim zoológico local e calculámos a variância, que é igual a 16. A questão é: como é que podemos realmente utilizar este número?

Pode utilizar a variância para calcular o desvio padrão, que é uma medida muito melhor da quantidade de variação num conjunto de dados.

O desvio padrão é calculado como a raiz quadrada da variância. Feito isso, tiramos a raiz quadrada de 16 e obtemos o desvio padrão de 4.

Em combinação com a média, o desvio padrão pode indicar a idade da maioria dos tigres. Por exemplo, se a média é 8 e o desvio padrão é 4, a maioria dos tigres do jardim zoológico tem entre 4 anos (8 - 4) e 12 anos (8 + 4).

CAPÍTULO IV

INTRODUÇÃO AO SOFTWARE DE EDIÇÃO

IV.1.APRESENTAÇÃO

O Microsoft Office Publisher é um software de edição eletrónica da Microsoft.

Permite-lhe produzir documentos de comunicação de qualidade semi-profissional.

Oferece uma vasta gama de funções:

- criação e formatação de documentos: vários assistentes, formato de apresentação de páginas, modelos ;
- integrações multimédia com imagens, vídeos, sons e animações.

IV.2.LANÇAMENTO

Para iniciar o MS Publisher, basta fazer duplo clique no ícone do Publisher no ambiente de trabalho, se tiver um. Caso contrário, clique no botão "Iniciar". Aponte para "Programas" ou "Todos os programas". Faça duplo clique em "Microsoft Publisher" (pode estar na pasta "Microsoft Office"). O Publisher abre-se no ecrã "Getting Started" (Introdução).

IV.3.MODELOS PRÉ-DEFINIDOS

O programa oferece uma série de modelos predefinidos que podem ser modificados ou permite-lhe criar um novo documento a partir do zero.

Ferramentas de modelação

O modelo estabelece a base para o tipo de documento que pretende criar. O Editor inclui muitos modelos predefinidos que pode escolher sempre que criar um novo documento. Estes modelos oferecem muitas vezes diferentes variações do mesmo design e esquema, permitindo aos titulares espaço para texto e imagens. Também pode alterar as cores completas do modelo para dar ao mesmo esquema uma sensação completamente diferente com base na cor.

Ferramentas de texto

As ferramentas de texto são outra parte importante da criação de um ficheiro do Publisher. O Publisher utiliza caixas de texto flutuantes para adicionar texto aos seus documentos. Estas caixas podem ser redimensionadas e movidas para qualquer parte do documento. Também pode escolher o estilo do tipo de letra, o tamanho e a cor do texto em cada caixa de texto.

Ferramentas de imagem

O Publisher permite-lhe importar clipart ou outras imagens digitais para o seu documento. As imagens são importadas como objectos flutuantes que podem ser deslocados no documento e redimensionados para se adaptarem ao esquema.

O Editor também permite cortar uma fotografia que tenha importado se precisar de editar a imagem para se concentrar apenas numa pequena parte em vez da imagem inteira. A ferramenta de forma permite-lhe colocar formas básicas como círculos, quadrados, triângulos e rectângulos no seu documento. Pode alterar a cor e a colocação destas formas e utilizá-las na ferramenta a conceção do seu documento.

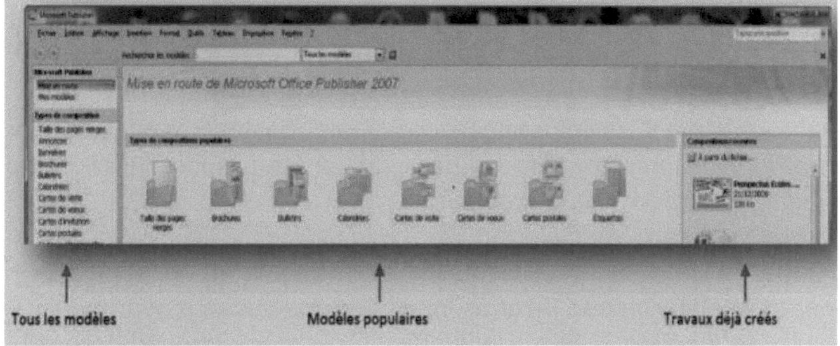

IV.4.CRIAR UM CARTÃO DE VISITA

Os cartões de visita **permitem aos profissionais transmitir informações essenciais sobre a sua empresa no momento do contacto**, pelo que é essencial concebê-los corretamente e incluir as informações mais importantes.

Por isso, não hesite em clicar no segundo modelo de "cartão de visita" que o Publisher oferece, no separador "OFERTAS".

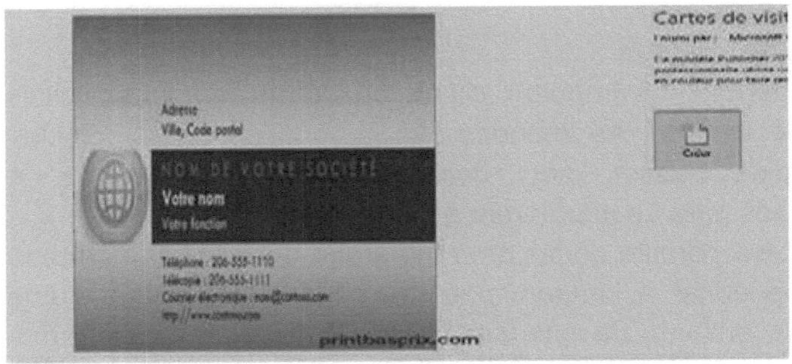

Cartão de visita clássico com a opção básica "Propor"

Fase 1

Quando se clica neste modelo, o modelo aparece por si só, sob a forma de uma etiqueta, no meio do ecrã, juntamente com o ícone "criar". Depois de ter clicado no ícone, o modelo ocupa todo o ecrã.

O que torna muito fácil a sua personalização.

Fase 2

Para inserir as suas informações pessoais, basta colocar o cursor sobre qualquer um dos "blocos de texto" do seu modelo e clicar no pequeno quadrado "i" que aparece.

Aparece uma caixa de diálogo.

Ao clicar na linha "editar informações profissionais" e, em seguida, no separador "editar", pode fazer as inserções desejadas e guardá-las.

Quanto ao logótipo, a forma mais fácil é clicar no logótipo proposto, depois clicar na linha "editar imagem" e procurar outro no ficheiro "imagens", por exemplo, e clicar no separador "inserir".

Tal como no modelo anterior, pode ficar-se por aqui. Agora tem uma matriz para fazer os seus cartões de visita, o que é perfeitamente aceitável.

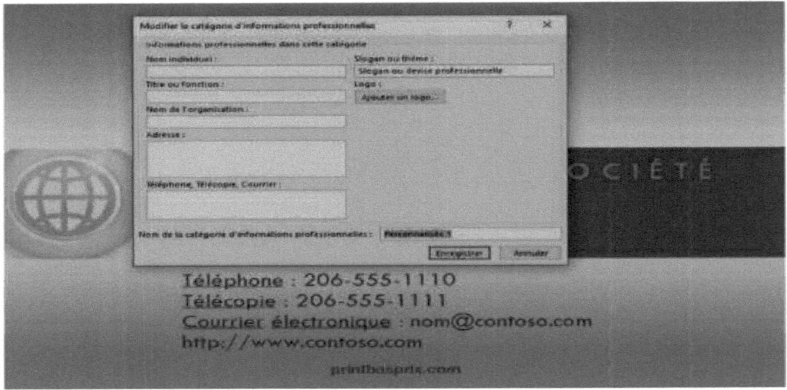

Personalizar o seu cartão de visita

Passo 3: alterar o tipo de letra e as cores

No entanto, se, tal como no modelo anterior, quiser alterar o tipo de letra ou a cor do seu cartão de visita, também o pode fazer clicando no separador "criação de página" na barra de menus.

Alterar os detalhes e as cores do seu cartão de visita

Cabe-lhe a si escolher entre os esquemas de cores propostos, por exemplo, Apex ou mediano, e os tipos de letra, por exemplo, Apex ou Débito.

A apresentação está particularmente bem conseguida.

Passo 4: Criar um cartão de visita de dupla face com o Publisher :

Da mesma forma, se quiser adicionar um verso ao seu cartão de visita, abra o ficheiro correspondente à frente que acabou de criar. Depois, clique com o botão direito do rato na página do seu cartão de visita, na coluna "Páginas", à esquerda do ecrã. Aparece uma caixa de diálogo que começa por "Inserir uma página...".

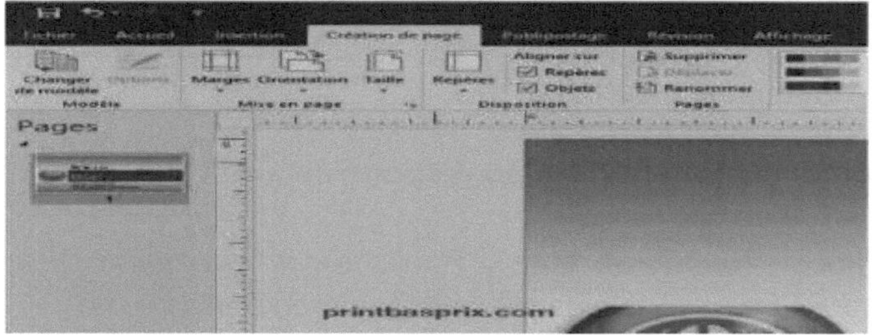

Isto implica a inserção de uma página para adicionar um verso ao seu cartão de visita no Publisher.

Clicar em "inserir página" abre uma nova caixa de diálogo. Para inserir o slogan da sua empresa ou um mapa de localização no verso do seu cartão de visita, por exemplo, basta selecionar :

. A linha "após a página atual"

. E a linha "criar uma zona de texto em cada página".

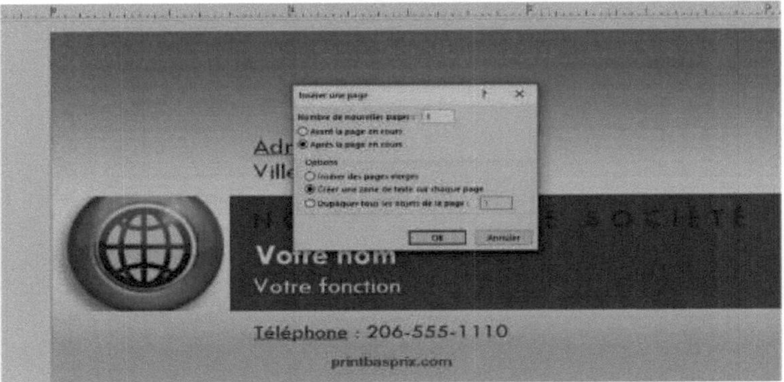

- Inserção do verso
- Em seguida, clique em OK.

Cabe-lhe a si inserir o texto que pretende na caixa livre que aparece em ecrã inteiro e, em seguida, guardá-lo.

Personalize o verso do seu cartão

Os outros modos de personalização disponíveis no "PREDEFINI

Existem dois tipos. Quando se abre o Publisher, é necessário clicar no separador "PREDEFINI". Na segunda linha do ecrã, existe um Basta clicar no ícone "cartões de visita".

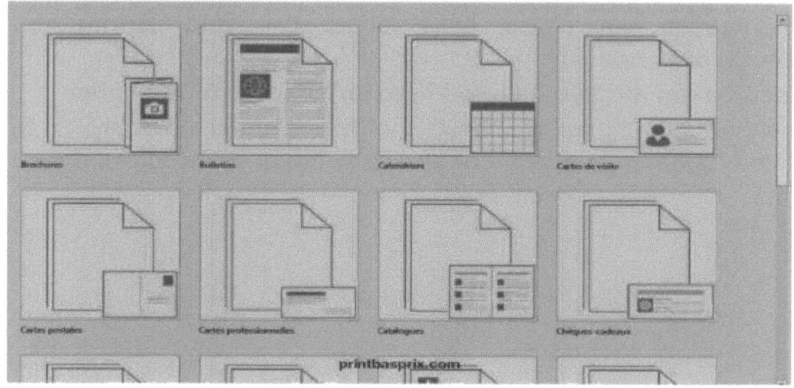

Cartão de visita com separador "PREDEFINI" no editor

Escolha de um modelo integrado

Pode agora escolher um dos **53 modelos incorporados** disponíveis no Publisher, clicando no ícone correspondente.

O modelo selecionado aparece numa coluna à direita do ecrã com o seu título de referência. Ao clicar no separador "criar", na parte inferior da coluna, pode introduzir os seus dados pessoais.

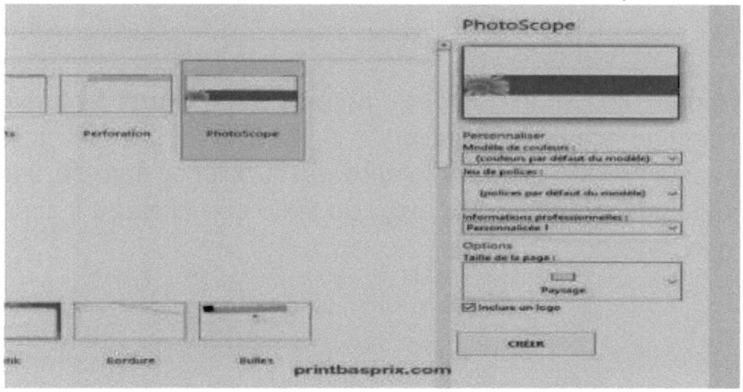

Escolha entre os 53 modelos de cartões de visita de dupla face integrados O procedimento a seguir é idêntico ao da personalização anterior. Coloque o cursor sobre cada um dos "blocos de texto" e aparecerá um pequeno quadrado com um "i", indicando que pode clicar com o botão direito do rato.

Depois de o fazer, basta clicar na linha "editar dados profissionais", depois em "editar" e, por fim, em "guardar", para concluir a sua personalização.

Tal como nos dois casos anteriores, pode ficar por aí ou levar a sua personalização um pouco mais longe, utilizando os mesmos comandos opcionais.

A. Escolha um modelo de reto-verso em branco no Publisher

Se nenhum dos modelos do Publisher lhe agradar, pode utilizar os formatos "**tamanho em branco**" para criar um design completamente original.

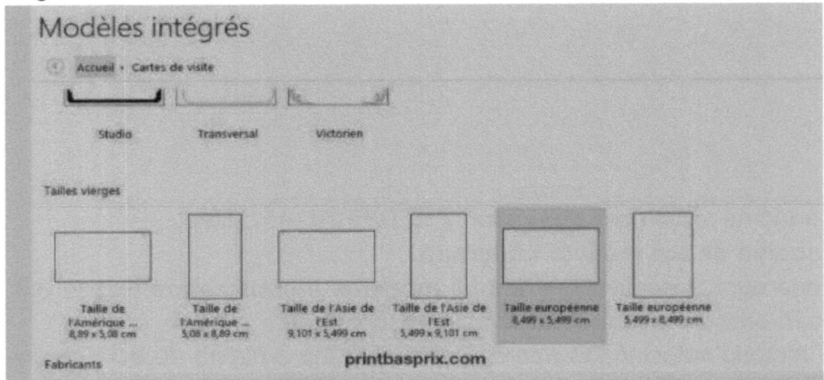

B. Selecionar um modelo em branco e um tamanho de cartão europeu

visita

Ao clicar no ícone "Tamanho europeu", abre-se uma coluna à direita do ecrã, sob esta rubrica de referência.

Ao clicar no ícone "criar", na parte inferior desta coluna, abre-se um espaço no qual pode desenhar as caixas de texto que quiser e inserir as imagens que desejar.

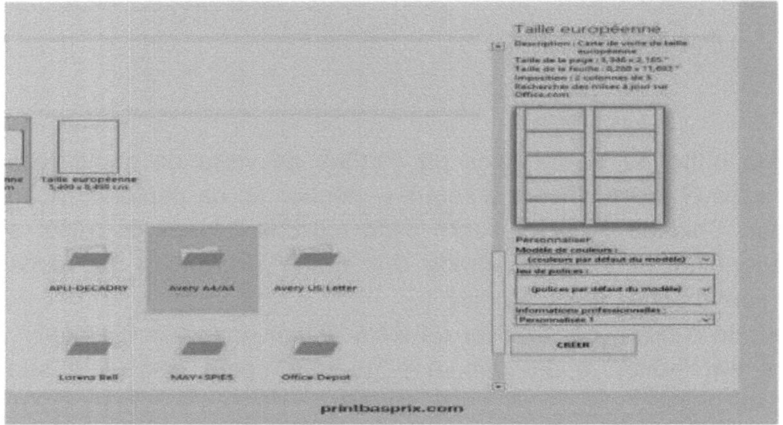

IV.5.CRIAR UM MAPA

Selecionar um modelo

1. Inicie o Publisher e selecione uma categoria de cartão.

o No Publisher 2016 e no Publisher 2013, clique em **Cartões de felicitações ou cartões** de convite > **integrados**.

o No Publisher 2010, clique em **Cartões de felicitações** ou **Cartões de convite** na lista de modelos.

2. Percorra as publicações de cartões predefinidas. Quando encontrar uma que lhe agrade, clique nela para ver uma pré-visualização maior.

3. Em **Personalizar** e **Opções**, pode alterar uma série de elementos de apresentação antes de abrir a composição:

o Em **Personalizar**, clique no esquema de cores e no conjunto de tipos de letra da sua escolha.

o Em **Personalizar**, clique na categoria de informações comerciais da sua escolha ou crie uma nova categoria.

o Em **Opções**, selecione o tamanho de página pretendido, por exemplo, **Meia página com dobra lateral** ou **Quarto de página com dobra superior**.

o Em **Opções**, selecione o esquema pretendido.

Nota: Se estiver a utilizar um modelo descarregado do Office Online, não pode personalizar a apresentação sem abrir a composição.

4. Clique em **Criar**.

Personalizar o seu cartão

- Efetuar modificações globais a um modelo
- Utilizar imagens
- Utilizar texto

Efetuar modificações globais a um modelo

Gostaria de efetuar alterações a toda a composição? Por exemplo, pode querer experimentar diferentes esquemas de cores ou tipos de letra. Pode fazer estas alterações em qualquer altura, mas é melhor fazê-lo antes de inserir o texto e as imagens.

Efetuar uma das seguintes acções:

- Para experimentar outro esquema de cores, no separador **Criação de página**, clique no esquema de cores pretendido. Clique nos esquemas de cores para ver o aspeto do seu cartão de felicitações se escolher este esquema.

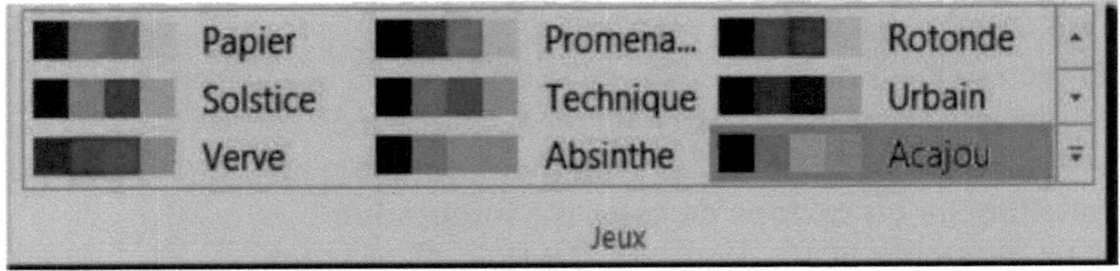

- Para experimentar outro conjunto de tipos de letra, no separador **Criação de páginas**, clique em **Tipos de letra** e, em seguida, escolha o conjunto pretendido.

. Para alterar o tamanho da página, no separador **Criação** de página, clique em **Tamanho** e, em seguida, selecione um novo tamanho de página.

UTILIZAR IMAGENS

Substitua os marcadores de posição de imagem pelas suas próprias imagens

1. > Clique com o botão direito do rato na imagem do espaço de reserva e, em seguida, clique em **Alterar imagem Alterar imagem**.
2. Na caixa de diálogo Inserir imagem, procure imagens no seu próprio computador ou na sua rede local, ou procure imagens em Office.com ou no Bin.

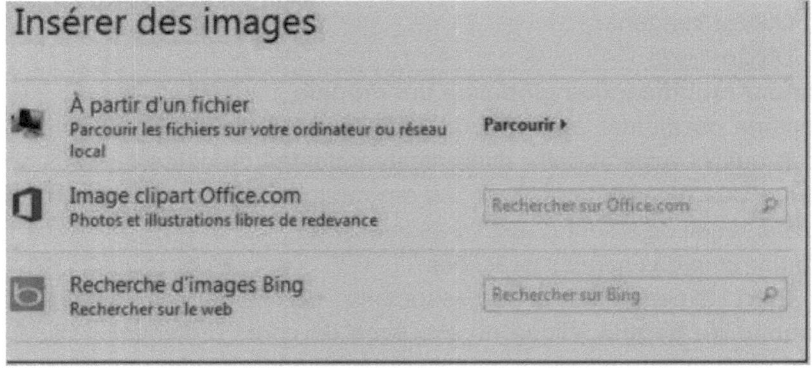

Observação: A inserção de imagens do Office.com e do Bing não está disponível no Publisher 2010. As imagens encontradas online devem ser descarregadas para o seu computador antes de as poder inserir.

3. Repita este procedimento, conforme necessário, para as outras imagens da sua composição.

Adicionar uma nova imagem

1. No separador **Inserir**, clique numa opção de imagem no **grupo Ilustrações** (por exemplo, **Imagens** ou **Imagens online**).
2. Pesquise imagens no seu computador ou pesquise imagens no Office.com ou no Bing e, em seguida, clique em **Inserir**.

Observação: A inserção de imagens do Office.com e do Bing não está disponível no Publisher 2010. As imagens encontradas online devem ser descarregadas para o seu computador antes de as poder inserir.

Utilizar texto

Para substituir o texto no espaço reservado pela sua própria mensagem, basta selecionar o texto no espaço reservado e, em seguida, escrever a sua própria mensagem.

Adicionar um novo texto

1. No separador **Inserir**, clique em **Desenhar uma caixa de texto**.
2. No seu mapa, aponte para o local onde pretende que apareça um dos cantos do texto e, em seguida, clique e arraste o cursor na diagonal até obter uma área de tamanho satisfatório. Clique na área para escrever e formatar o texto.

Substituir o texto no espaço de reserva por uma fórmula

1. Na guia **Criação de página**, clique em **Opções**.

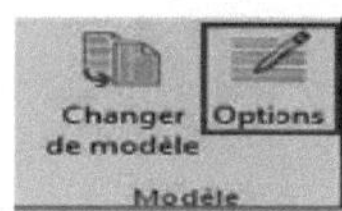

2. Em **Categoria**, clique na categoria de mensagem pretendida. Em **Texto sugerido**, clique na mensagem pretendida, pré-visualize as duas partes da mensagem à direita e clique em **OK**.

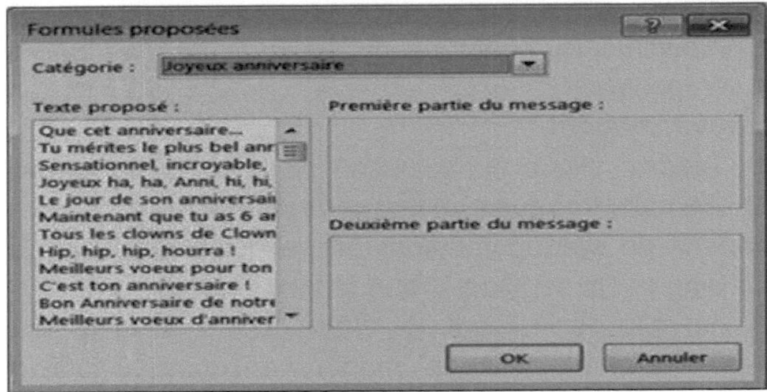

IMPRIMIR E PREENCHER O CARTÃO

No Publisher, os cartões são configurados para serem impressos em tamanhos específicos de papel. Por exemplo, se selecionar um design dimensionado para papel de tamanho carta, terá de fazer duas dobras no papel depois de imprimir o cartão.

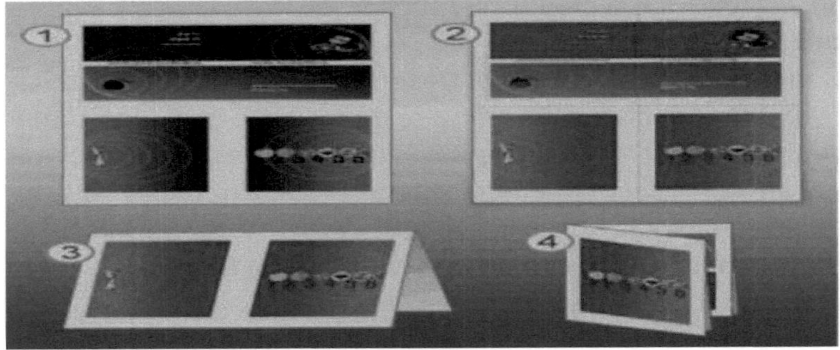

3. Quando pré-visualiza o cartão antes de o imprimir, este tem o aspeto do passo 1.
4. Quando se imprime o cartão numa impressora a cores, antes de ser dobrado, tem o aspeto do passo 2.
5. Na etapa 3, dobre o cartão ao meio, de cima para baixo.
6. Na etapa 4, dobra-se o cartão de um lado para o outro.

IMPRIMIR O MAPA

1. Quando o mapa tiver o aspeto pretendido, guarde o ficheiro.
2. > Clique em **Ficheiro Imprimir** e, em seguida, em **Definições**, verifique se o formato adequado está selecionado, como **Dobra lateral, Quarto de folha**, **Dobra lateral, Meia folha** ou **Folheto, Dobra** lateral.

Nota: Estas opções só estão disponíveis quando o tamanho da página da composição é mais pequeno do que o do papel em que a composição está definida para ser impressa.

3. O painel de pré-visualização mostra o aspeto que a composição terá na página impressa. Efectue as alterações que pretender nas opções de impressão, como o número de cópias, e clique em **Imprimir**.

IV.6.INFORMAÇÃO PROFISSIONAL E LOGÓTIPO

1. Clique na posição da sua composição onde pretende colocar o logótipo.
2. **Clicar em Inserir** > informações **profissionais >** informações **profissionais adicionais.**

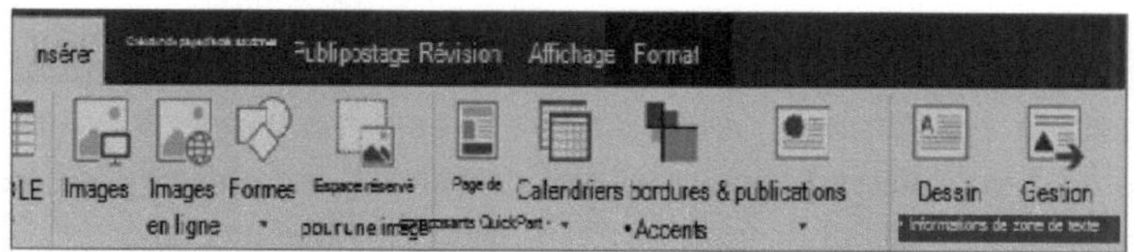

3. Em **Logótipos**, clique no desenho de logótipo da sua escolha, selecione as opções de gráfico e texto da sua escolha (por exemplo, duas linhas de texto com o logótipo) e, em seguida, clique em **Inserir.**
4. Para substituir o texto no espaço reservado no logótipo, selecione o texto na caixa de texto e, em seguida, escreva o texto que desejar.
5. Para substituir a imagem do espaço de reserva no logótipo, clique na moldura da imagem no logótipo, clique com o botão direito do rato na imagem, clique em Modificar imagem e, em seguida, selecione a imagem da sua escolha.

Nota: Para gravar o logótipo da biblioteca do componente básico e adicioná-lo ao conjunto de informações comerciais, é necessário gravá-lo como um componente básico e, em seguida, adicioná-lo a um conjunto de informações comerciais.

Pode abrir um modelo que já tenha utilizado, modificá-lo e guardá-lo como um novo modelo.

1. >**Clique em Ficheiro novo.**
2. Clique em **PERSONAL** e, em seguida, faça duplo clique no nome de um modelo.

Nota: Se o seu modelo não estiver listado, pode não o ter guardado na pasta de localização predefinida do modelo. A localização predefinida do modelo é C:UtilitáriosNome do utilizadorDocumentosModelos personalizados do Office. Se tiver guardado um modelo numa localização diferente da localização predefinida do modelo, tem de ir para a localização onde o guardou e abrir o modelo a partir daí ou movê-lo para a localização predefinida do modelo no seu computador.

3. Efetuar as alterações pretendidas no modelo.
4. > Clique em **Ficheiro Guardar como** e, em seguida, vá para a unidade C do seu computador.
5. No campo **Tipo de ficheiro**, clique em **Modelo de editor** e, em seguida, escreva um novo nome e uma categoria opcional para o modelo.
6. Clique em **Guardar**.

IV.7.ELEMENTOS DE COMPOSIÇÃO

Criar uma composição

Todas as composições começam a partir de um modelo, mesmo que seja um modelo em branco. A dificuldade reside em escolher um modelo que seja o mais próximo possível daquilo que procura na sua composição final. O Publisher vem com modelos predefinidos.

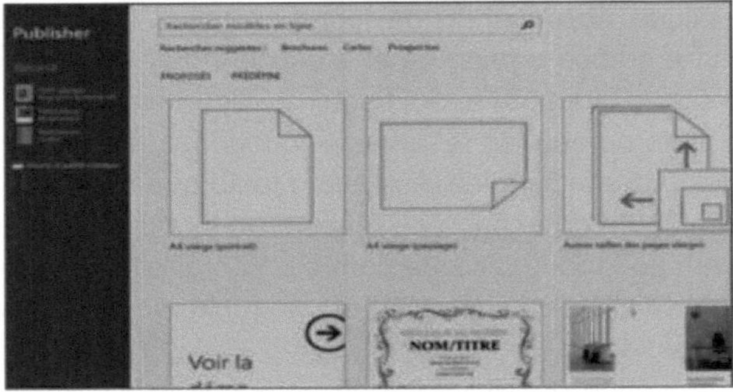

1. > Clique em **Ficheiro novo** e proceda da seguinte forma:

- o Escolha um dos modelos **sugeridos** e clique em **Criar**.
- o Para utilizar um dos modelos instalados no Publisher, selecione **Predefinição**, desloque a lista para baixo até à categoria pretendida, clique na mesma, escolha o modelo pretendido e clique em **Criar**.
- o Para encontrar um modelo no Office.com, utilize a caixa **Procurar modelos online** para encontrar o que pretende. Introduza "newsletter", por exemplo, desloque-se pela lista até ao modelo pretendido e clique em **Criar**.

Registar a sua composição

Proceda da seguinte forma para gravar a sua composição pela primeira vez

1. > Clique em **Ficheiro Guardar como**.
2. Em **Guardar como**, escolha onde pretende guardar a sua

composição.

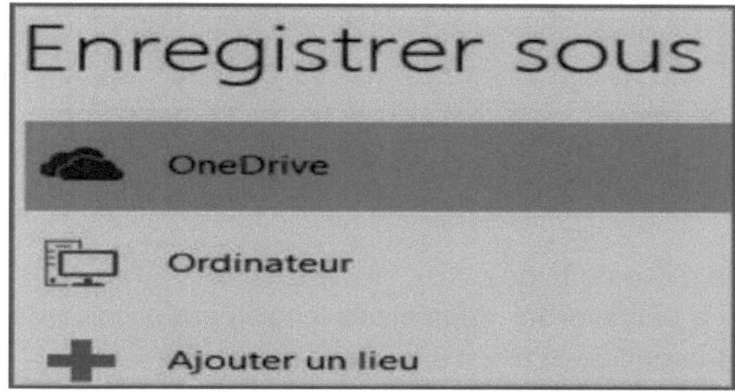

- **OneDrive** é um serviço gratuito da Microsoft que fornece armazenamento de ficheiros online protegido por palavra-passe.
- **Outras localizações da Web** inclui sítios Web que utilizou recentemente e um botão **Procurar** que lhe permite guardar a sua composição em qualquer sítio Web a que tenha acedido.
- **Computador** inclui todas as pastas do seu computador.
- **Adicionar uma localização** permite-lhe adicionar uma localização online para guardar a sua composição.

3. Introduza o nome da sua composição e clique em **Guardar**.

> Depois de ter guardado a sua composição pela primeira vez, pode simplesmente clicar em **Guardar Ficheiro** sempre que necessário.

> Se pretender alterar o nome do ficheiro ou a localização da sua composição, clique em **Ficheiro Guardar como** e guarde a composição como se fosse a primeira vez.

ADICIONAR IMAGENS À SUA COMPOSIÇÃO

1. > Clique em **Imagens de casa**.
2. Utilize as opções da caixa de diálogo **Inserir imagens** para encontrar a imagem que pretende utilizar.

ADICIONAR TEXTO À SUA COMPOSIÇÃO

Para adicionar texto à sua composição, comece por inserir uma caixa de texto. A maioria dos modelos inclui caixas de texto que podem ser preenchidas, mas também pode adicionar as suas próprias caixas de texto.

Primeiro passo: adicionar uma zona de texto

1. > Clique em **Início Desenhar uma área de texto** e arraste o cursor em forma de cruz para desenhar uma área no local pretendido.

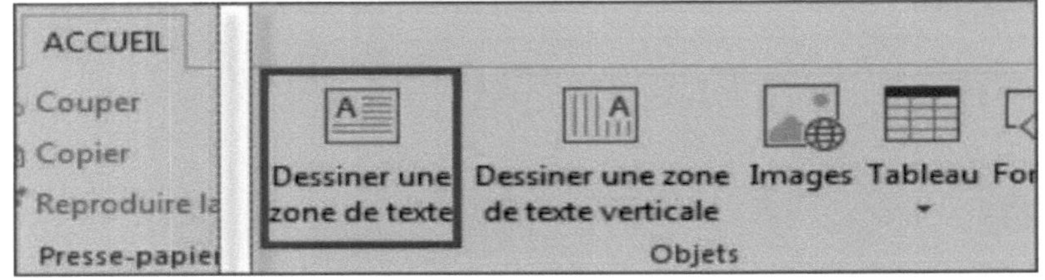

2. Escreva o texto na caixa de texto.

Se o texto que está a escrever for demasiado longo para a caixa de texto, pode aumentá-lo ou ligá-lo a outra caixa de texto.

Segundo passo: ligar as caixas de texto

É possível ligar zonas de texto para que o texto flua de uma zona para outra.

1. Quando uma caixa de texto contém demasiado texto, aparece uma pequena área com elipses no canto inferior direito da caixa de texto.

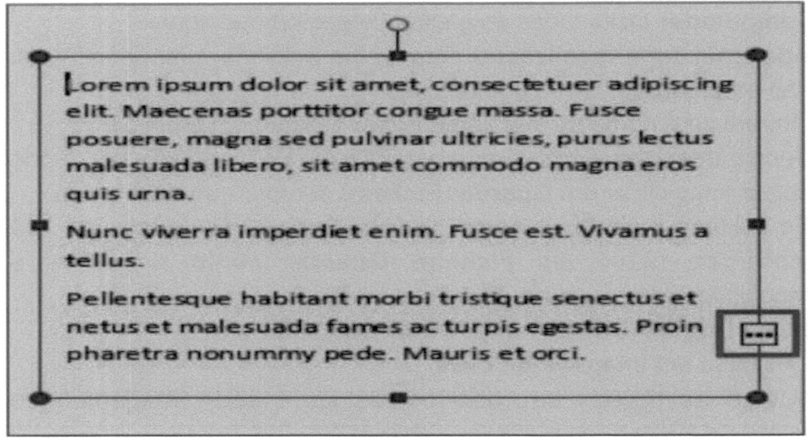

2. Criar uma nova zona de texto.
3. Clique no indicador de transbordamento para transformar o cursor numa chávena.
4. Mova a nova caixa de texto e, em seguida, clique em.

O texto excedente aparece na nova zona de texto.

Agora, quando adiciona texto, as palavras movem-se automaticamente de uma zona de texto para outra. Se ficar sem espaço nesta segunda zona de texto, pode criar uma ligação a outra zona de texto para que o texto passe pelas três zonas.

ADICIONAR BLOCOS DE CONSTRUÇÃO AO SEU COMPOSIÇÃO

Os módulos de construção são partes reutilizáveis de conteúdos, tais como títulos, calendários, margens e anúncios. O Publisher oferece blocos de construção predefinidos, ou pode criar os seus próprios blocos.

1. No painel **Navegação de página**, selecione uma página na sua composição.
2. > No separador **Inserir Blocos** de construção, selecione uma galeria de blocos de construção.

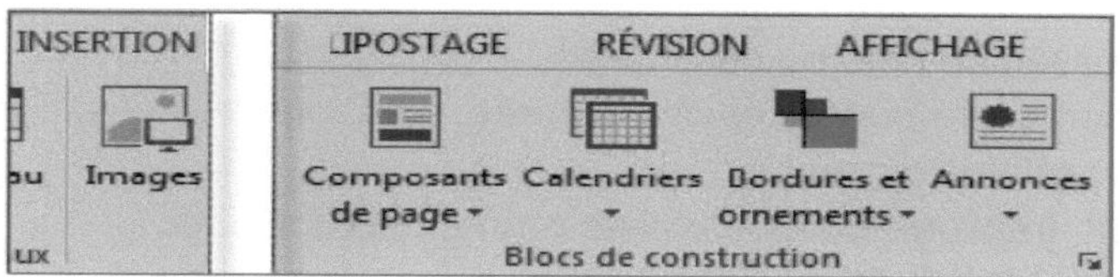

3. Desloque-se para encontrar um bloco de construção ou clique em **Outro <nome da galeria>** para abrir **a Biblioteca de Blocos de Construção**.
4. Clique num bloco de construção.

6. Imprimir a composição

1. > Clique em **Ficheiro Imprimir**.

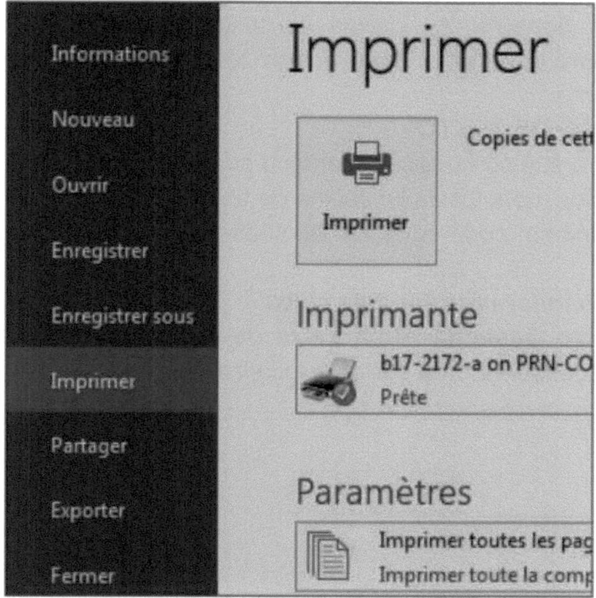

2. Em **Imprimir**, introduza o número de cópias a imprimir no campo **Cópias para esta tarefa de impressão**.
3. Verifique se está selecionada a impressora correta.

Nota: As propriedades predefinidas da impressora são introduzidas automaticamente.

4. Em **Definições**, proceda da seguinte forma:

o Verifique se foi selecionado o intervalo correto de páginas ou secções.

o Selecionar um formato de configuração de página para impressão.

o Definir o tamanho do papel.

o Definir impressão de uma ou duas faces.

o Se a sua impressora puder imprimir a cores, selecione impressão a cores ou em escala de cinzentos.

Clique no botão **Imprimir** quando estiver pronto para imprimir.

IV .8.TRABALHAR EM ZONAS DE TEXTO

V V.8.1.DEFINIÇÃO

[†](IT) **Widget para introduzir ou simplesmente mostrar texto** (normalmente bastante curto) .

VI .8.2.PAPEL DA ZONA DE TEXTO

Uma caixa de texto é um objeto que pode ser adicionado ao seu documento e que **lhe permite colocar e escrever texto em qualquer parte do ficheiro**. As caixas de texto são úteis para chamar a atenção para uma parte específica do texto ou para mover o texto pelo documento.

VII 8.3.FORMATAÇÃO DE TEXTO

Para adicionar texto à sua composição, comece por inserir uma caixa de texto. A maioria dos modelos inclui caixas de texto que podem ser preenchidas, mas também pode adicionar as suas próprias caixas de texto.

Primeiro passo: adicionar uma zona de texto

1. > Clique em **Início Desenhar uma caixa de texto** e arraste o cursor em cruz para desenhar uma caixa na localização pretendida.

[†] https://www.lalanguefrancaise.com, consultado em 26/10/2023 às 06h24".

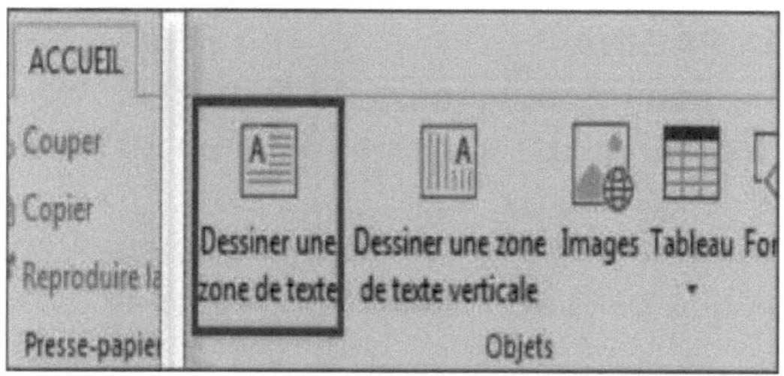

2. Digite o texto na caixa de texto.

Se o texto que está a escrever for demasiado longo para a caixa de texto, pode aumentá-lo ou ligá-lo a outra caixa de texto.

Segundo passo: ligar as caixas de texto

É possível ligar zonas de texto para que o texto flua de uma zona para outra.

1. Quando uma caixa de texto contém demasiado texto, aparece uma pequena área com elipses no canto inferior direito da caixa de texto.

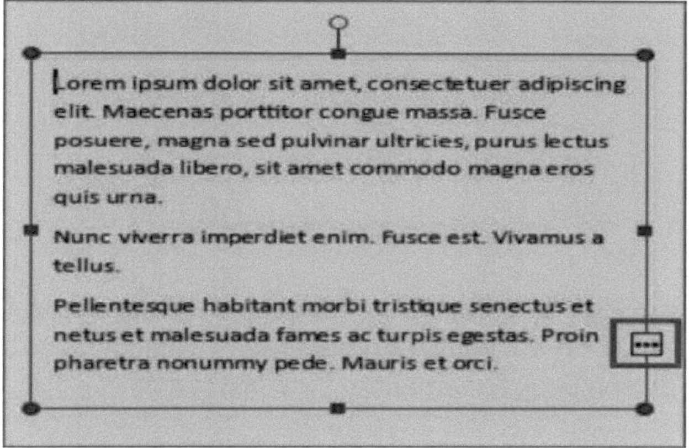

2. Criar uma nova zona de texto.
3. Clique no indicador de transbordo para transformar o cursor numa chávena [x]
4. Mova a nova caixa de texto e, em seguida, clique em.

O texto excedente aparece na nova zona de texto.

Agora, quando adiciona texto, as palavras movem-se automaticamente de uma zona de texto para outra. Se ficar sem espaço nesta segunda zona de texto, pode criar uma ligação a outra zona de texto para que o texto passe pelas três zonas.

IV.8.4.APRESENTAÇÃO DA PÁGINA

Pode **imprimir** facilmente **os seus documentos do Publisher**, mas primeiro precisa de fazer o **esquema**, e é isso que vai aprender neste tutorial.

Pode *alterar* facilmente *a apresentação de um documento do Publisher e imprimi-lo*, bastando para isso seguir os passos abaixo:

Passo 1: Abra o Publisher e, em seguida, abra um documento clicando em "ficheiro" depois de "novo" (no nosso exemplo, estamos a utilizar um documento em branco□

Se já tiver um documento, clique em "Ficheiro" e depois em "Abrir" e escolha o seu . □

Passo 2: Clique em "Ficheiro" e depois em "Esquema" para visualizar a janela de modificação do esquema. No separador "Configuração", pode alterar o tipo de composição,tamanho e a orientação.

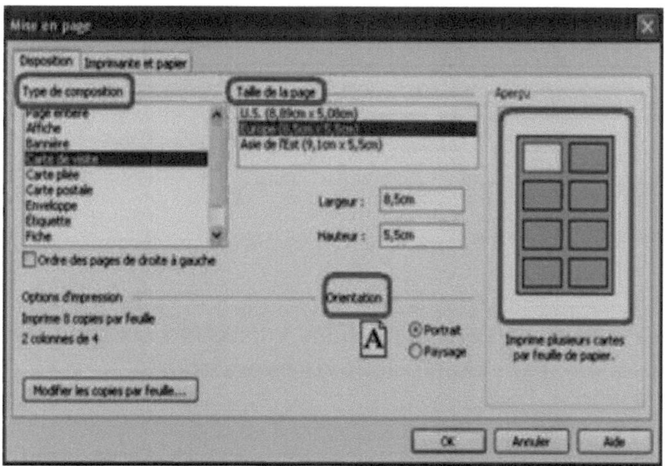

Passo 3: Para alterar o número de cópias por folha, clique em "alterar cópias por folha".

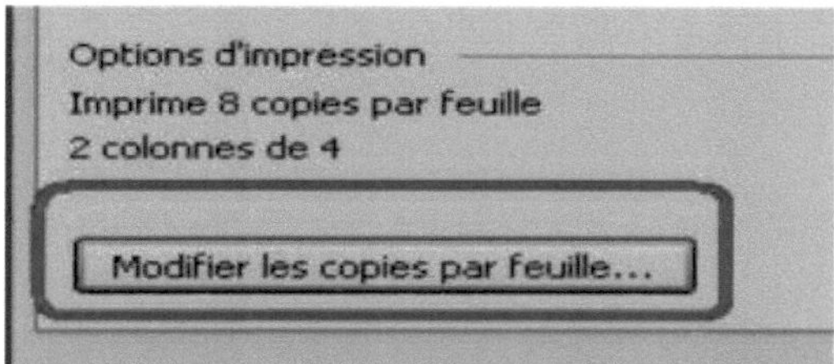

Em seguida, altere as definições pretendidas. Clique em "ok" quando tiver terminado.

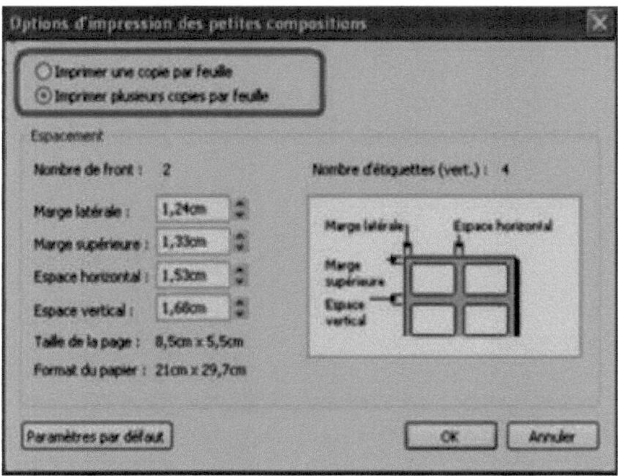

Passo 4: No separador "Papel e impressão", selecione o tamanho da folha de impressão.

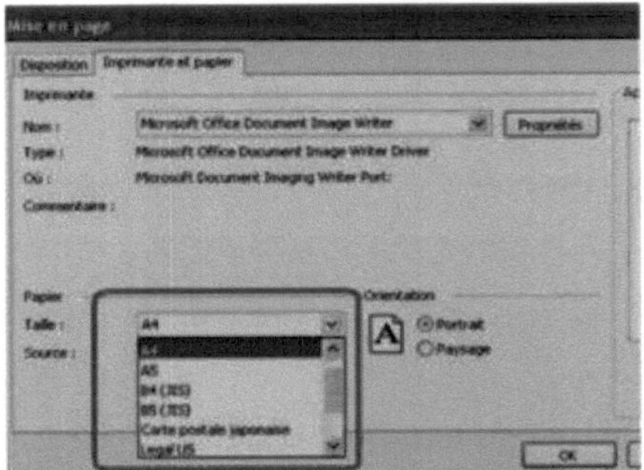

Passo 5: Pré-visualize a sua página para impressão clicando em "Ficheiro" e depois em "**Pré-visualização da impressão"**.

IV .8.5 EXERCÍCIOS

CAPÍTULO V

COMPOSIÇÃO DE UM CARTAZ

V .1.DEFINIÇÃO DE UM CARTAZ

[‡]Um cartaz é uma folha impressa destinada a chamar a atenção do público e afixada em paredes ou em locais reservados .

VI 2.INSERÇÃO DE WORDART

1. > Ir para **Inserir WordArt**
2. Escolha o estilo de WordArt que pretende.
3. Introduza o seu texto.

> **Nota:** Para converter um texto existente num objeto WordArt, selecione o texto e, *em seguida,* selecione **Inserir WordArt**.

Alterar a cor

1. Selecione o texto WordArt que pretende modificar.
2. Em **Formato de forma** ou **Ferramentas de desenho**, selecione **Preenchimento de texto** ou **Contorno de texto** e, em seguida, escolha a cor pretendida.

‡ https://www.google.com, consultado em 26/10/2023 às 06h40".

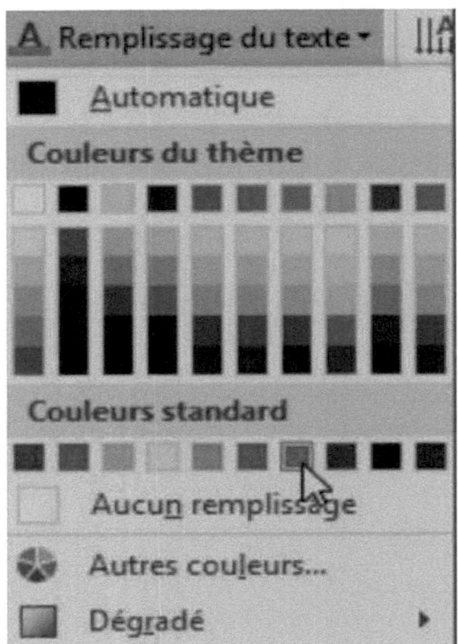

3. Clique fora da sua caixa de texto para ver o efeito.

Escolher um efeito de texto

1. Selecione o texto WordArt que pretende modificar.
2. Vá para **Formato de forma** ou **Ferramentas de** desenho - Formato > **Efeitos de texto** > Transformar.

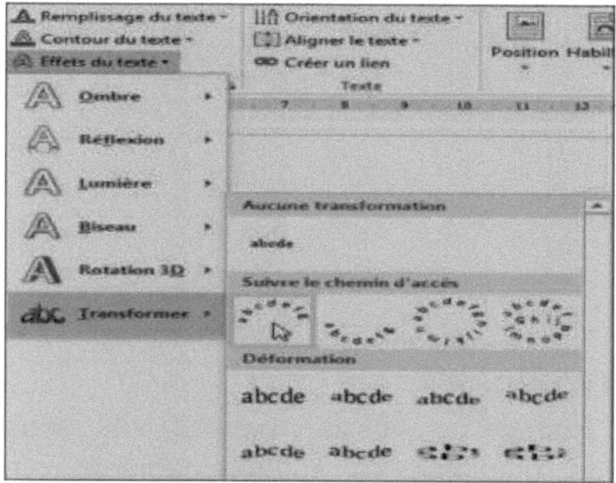

3. Escolha o efeito que pretende.
4. Clique fora da sua caixa de texto para ver o efeito.

Rodar

1. Selecione o objeto WordArt e, em seguida, arraste a pega de rotação circular para o topo da área.

2. > Para inverter um objeto WordArt ou rodá-lo 90 graus, vá a **Formato** ou **Ferramentas de desenho Formatar Rodar** e selecione uma opção.

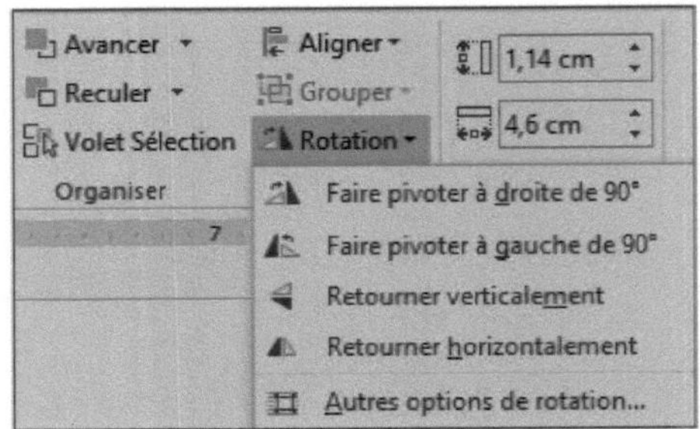

V.3.MOVER E ALINHAR UM WORDART

Quando adiciona imagens, formas ou outros objectos aos seus documentos do Office, estes empilham-se automaticamente em camadas individuais à medida que os adiciona. É possível mover formas individuais ou outros objectos ou grupos de objectos dentro de uma pilha. Por exemplo, pode mover objectos para cima ou para baixo numa pilha, uma camada de cada vez, ou pode movê-los para cima ou para baixo numa pilha com um único movimento. Pode sobrepor objectos à medida que desenha para criar efeitos diferentes.

Mover uma imagem, forma, caixa de texto ou elemento WordArt

1. Clique na borda do objeto WordArt, caixa de texto ou forma a ser movida.

Para mover várias áreas de texto ou formas, mantenha premida a tecla Ctrl enquanto clica nas margens.

2. Quando o cursor mudar para uma seta de quatro pontas, arraste-o para a nova localização.

Para mover o objeto em pequenos incrementos, mantenha premida a tecla Ctrl enquanto prime uma tecla de seta. Para mover o objeto apenas na horizontal ou na vertical, mantenha premida a tecla Shift enquanto arrasta o objeto.

Nota: A distância incremental, ou espaçamento, é um incremento de 1 pixel. O que este pixel de ecrã representa em relação à área do documento depende do fator de zoom. Quando aumenta o zoom do seu documento a 400%, um pixel de ecrã representa uma distância de zoom relativamente pequena no documento. Quando reduz o zoom do seu documento para 25%, um pixel de ecrã representa uma distância de zoom relativamente grande no documento.

Dependendo do estado de movimento da arte, forma ou área de texto do WordArt, pode ser mais fácil cortá-la e colá-la. Clique com o botão direito do rato no objeto e, em seguida, clique em **Cortar** (ou prima Ctrl+X). Prima Ctrl+V para o colar. Também é possível cortar e colar em outro documento ou entre programas, por exemplo, do cálculo do PowerPoint para o Excel.

Mover uma zona de texto, WordArt ou forma para a frente ou para trás numa pilha

1. Clique no objeto WordArt, forma ou caixa de texto que pretende mover para cima ou para baixo na pilha.
2. No separador **Ferramentas de desenho**, clique em **Avançar** ou **Retroceder**.

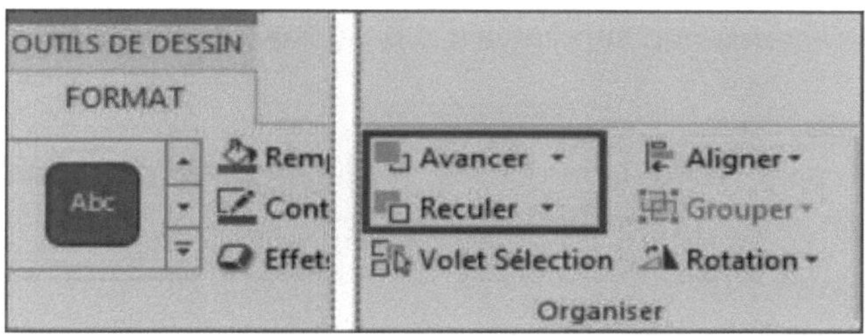

Pode mover o objeto um nível acima (**Mover para cima**) ou para o topo da pilha (**Mover para primeiro plano**). **Mover para trás** oferece opções semelhantes: mover um nível para baixo (**Mover para trás**) ou para o fundo da pilha (**Mover para o fundo**).

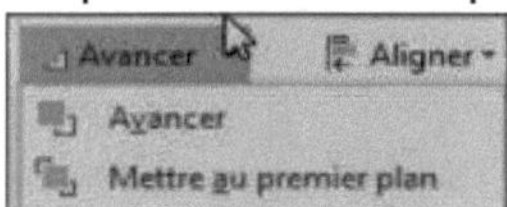

NB: No Office 2016 e no Office 2013, se tiver um grande número de objectos WordArt, formas, caixas de texto ou outros objectos, poderá ser mais fácil utilizar as setas para cima e para baixo no Painel de Seleção para mover objectos. O **Painel de Seleção** não está disponível no Project ou no Office 2010.

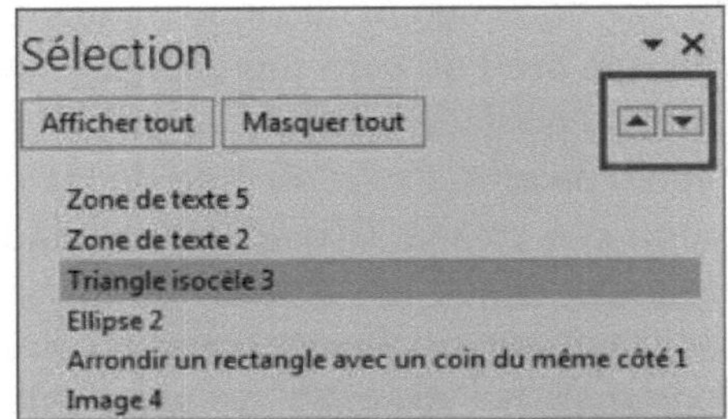

V.4.CARACTERES NÃO IMPRIMÍVEIS

A. Caracteres não imprimíveis

Um carácter não imprimível é um carácter que pode aparecer no ecrã mas não é impresso. Este tipo de carácter fornece informações sobre a formatação do texto. Para que os caracteres não imprimíveis apareçam no ecrã, clique no ícone com a forma de uma marca de parágrafo.

Existem muitos caracteres não imprimíveis. Eis os mais conhecidos

Marca de parágrafo: 

Indica o fim de um parágrafo e uma quebra de linha. Para inserir uma marca de parágrafo, basta premir [Enter].

Alimentação de linha : 

Indica uma quebra de linha dentro de um parágrafo. Isto significa que o texto antes e depois da quebra de linha tem a mesma formatação de parágrafo (alinhamento, indentação, espaçamento). Como uma quebra de linha não marca o fim de um parágrafo, não há espaçamento entre linhas separadas por uma quebra de linha (embora seja possível alterar o espaçamento entre linhas).

A marca de tabulação →

Indica onde a tecla de tabulação foi premida (as duas setas horizontais à esquerda do teclado). Combinada com uma paragem de tabulação, a paragem de tabulação permite que o texto seja colocado em qualquer ponto da linha. Se não tiver sido colocada uma paragem de tabulação, o Word utiliza paragens de tabulação invisíveis a cada 1,25 cm.

V.5.DUPLICAÇÃO DE FORMAS

Utilize a ferramenta Copiar esquema para copiar o preenchimento e o esquema de uma forma para outra com apenas alguns cliques. Tenha em atenção que a ferramenta Reproduzir esquema apenas copia o esquema visual; não copia quaisquer dados que a forma possa conter.

Copiar o layout utilizando a ferramenta Copiar layout

1. Clique com o botão direito do rato na forma com a apresentação que pretende copiar e, em seguida, na mini-barra de ferramentas, clique em **Copiar apresentação**.

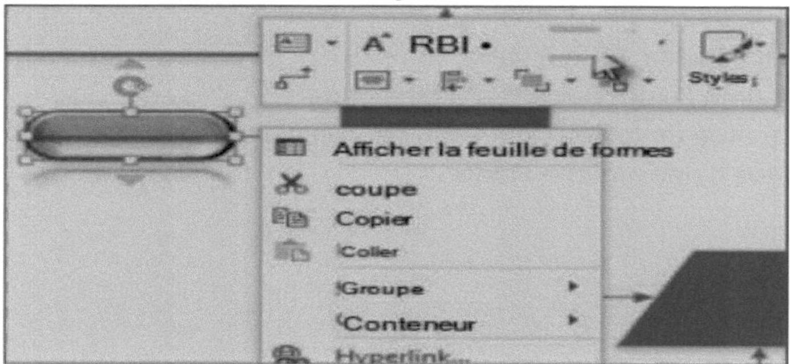

O ponteiro muda para um A. Isto significa que o objeto seguinte em que clicar recebe a formatação do primeiro formulário.

2. Clique noutra forma. O esquema copiado é aplicado a a segunda forma.

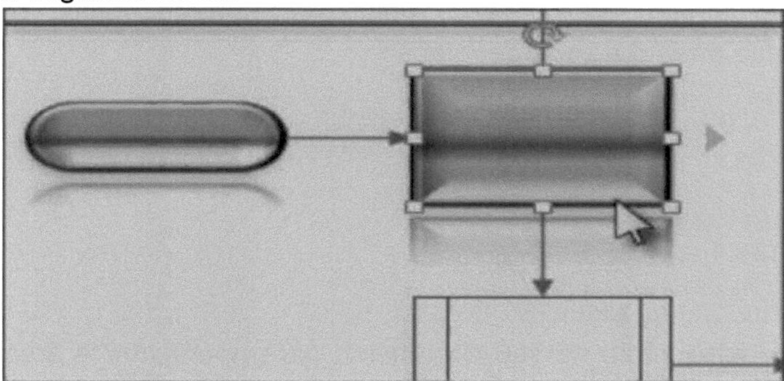

A ferramenta de formatação pára automaticamente quando se clica na segunda forma e a formatação foi aplicada.

Sugestão: Se mudar de ideias antes de clicar na segunda forma, prima Esc para desativar a ferramenta Formar.

Copiar o esquema de várias formas

Para modificar várias formas, clique na forma que pretende copiar e, em seguida, mantenha o rato premido enquanto clica nas formas a serem modificadas. Em seguida, clique com o botão direito do rato e clique em **Forma**. Todas as formas em que clicar assumirão a formatação da primeira forma em que clicou.

Se as diferentes formas estiverem agrupadas, clique na forma a ser copiada, clique em Copiar apresentação **e, em seguida,** clique no grupo. A apresentação é aplicada a cada forma do grupo ao mesmo tempo.

V.6.RODAR UMA ZONA DE TEXTO

Para rodar o texto no Word, comece por colocar o texto numa caixa de texto e, em seguida, rode a caixa de texto.

1. Selecionar uma zona de textoPara tal, pode :

o Selecione a área de texto e, em seguida, selecione **Formatar** forma ou Ferramentas de desenho **> Rodar.**

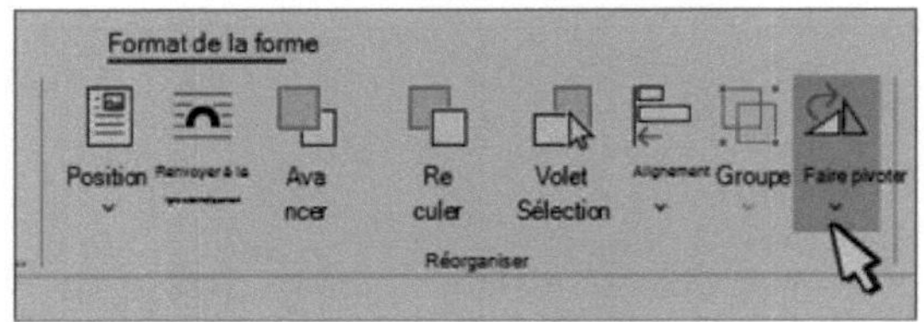

Utilizar um dos comandos de rotação da lista.

o Rode manualmente a área de texto selecionando a pega de rotação da área de texto e arrastando-a na direção que desejar. Para manter a rotação em ângulos de 15 graus, mantenha premida a tecla Lat verso enquanto arrasta a pega de rotação.

2. Selecione outro ponto no seu documento para apresentar a área de texto rodada.

Nota: Uma caixa de texto é apresentada horizontalmente quando a seleciona para facilitar a edição do texto.

Espelhar texto numa caixa de texto

A inversão de uma linha ou parágrafo de texto numa zona de texto.

1. Selecionar a zona de texto.
2. Selecione **Formato da forma** ou **Ferramentas de desenho - Formato.**
3. > Selecione **Efeitos** de texto B> Opções **de rotação 3D Opções**

de rotação 3D.

4. Em **Rotação 3D,** defina **a rotação X para 180°.**

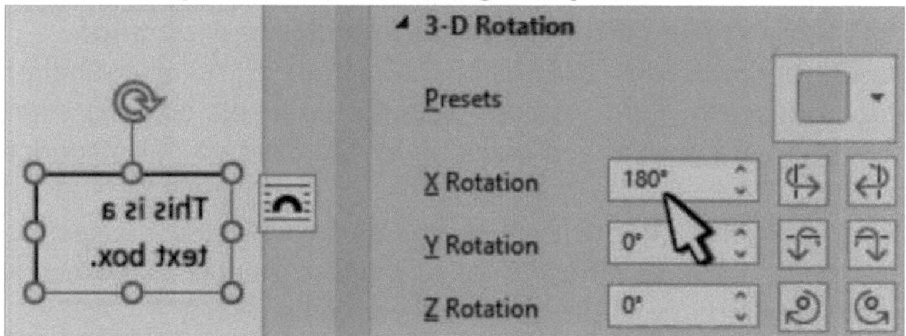

Remover o rebordo

1. Selecionar a zona de texto.
2. Selecione **Formato da forma** ou **Ferramentas** de desenho - Formato > **Contorno** da forma e, em seguida, **selecione Sem contorno.**

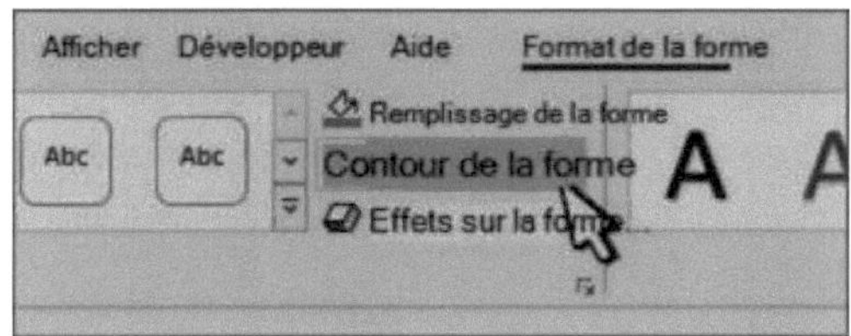

O contorno da caixa de texto desaparece quando se clica ou toca fora da caixa de texto.

Modificar a margem

1. Selecionar o limite da zona de texto.
2. Aceda a Formato da forma ou Ferramentas de desenho - **Formato** > Contorno da forma para alterar a cor do contorno, para alterar a espessura do traço ou para alterar o traço para traços.

Apresentar a ajuda do programador Formato da forma

Preenchimento da forma Contorno da forma Q) Efeitos sobre o fqmfc...

3. Selecione **Efeitos na** forma para adicionar uma sombra ou luz ao contorno.

V.7.INSERIR CLIPART

Saiba como inserir clipart num documento do Word no macOS e no Windows. Embora a funcionalidade de clipart de versões mais antigas do Office tenha sido substituída por imagens do Bing, ainda é possível pesquisar e inserir clipart num documento do Word.

1. **Abra um documento do Word.** Faça duplo clique no ficheiro ao

qual pretende adicionar o clipart.

o Também pode criar um novo documento fazendo duplo clique no ícone do Microsoft Word e selecionando ***Documento em branco***.

2. **Clique no separador INSERIR.** Encontra-o no canto superior esquerdo do friso do Word, na parte superior da janela do programa. Ao clicar nele, será aberta uma barra de ferramentas na parte inferior do menu.

Selecione Imagens online. Esta opção está localizada na secção ***Ilustrações*** da barra de ferramentas. Quando clicar nela, aparecerá uma janela com a barra de pesquisa de imagens do Bing.

Introduza uma palavra de pesquisa seguida de clipart. Introduza o nome do tipo de imagem que pretende, seguido de clipart, e prima Enter. Isto irá iniciar uma pesquisa no Bing por imagens que correspondam à sua palavra-chave.

o Para encontrar o clipart do elefante, por exemplo, deve escrever clipart do elefante e premir Enter.

o Tenha em atenção, no entanto, que é necessário ter uma ligação à Internet para poder procurar imagens no Bing.

Selecionar uma imagem. Clique no clipart que pretende utilizar no seu documento Word. Verá então um visto no canto superior esquerdo da imagem, mostrando que a selecionou.

o É possível selecionar várias imagens de uma só vez.

Clique em Inserir. Este botão encontra-se no canto inferior direito da janela. Quando clicar nele, a imagem será imediatamente adicionada ao seu documento do Word.

CAPÍTULO VI

CRIAR FORMULÁRIOS COM O WORD

Um formulário é um **documento que contém campos fixos e variáveis para os utilizadores preencherem**.

De seguida, mostramos-lhe como criar um formulário do Word que pode ser preenchido por outras pessoas:

Passo 1: Ir para a secção "Programador

. Aceda ao separador "Ficheiro" e, em seguida, clique em "Opções".

. Agora selecione "Personalizar o friso". Vá para a lista em "Separadores principais", assinale a caixa "Programador" e clique em "OK".

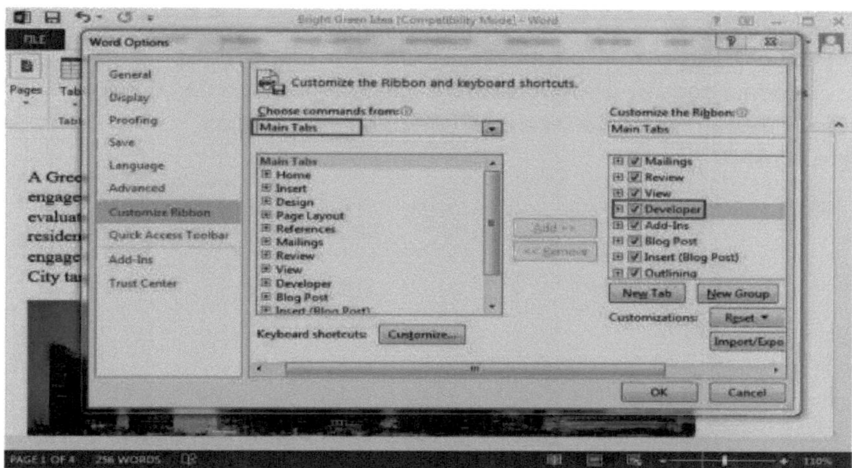

Passo 2: Criar um modelo de formulário

Para evitar perdas de tempo, recomendamos que comece com um modelo de formulário. Também pode começar com um modelo em branco.

Um modelo de formulário: o seu ponto de partida

. Vá à secção "Ficheiro" e clique em "Novo".

. Aparecerá uma caixa "Search for models online". Aqui, indique o tipo de formulário que pretende criar e clique em "ENTER".

- Selecione o formulário pretendido e clique em "Criar".

Para começar com um modelo em branco :

. Vá para o separador "Ficheiro" e clique em "Novo".

- Clique em "Documento em branco".

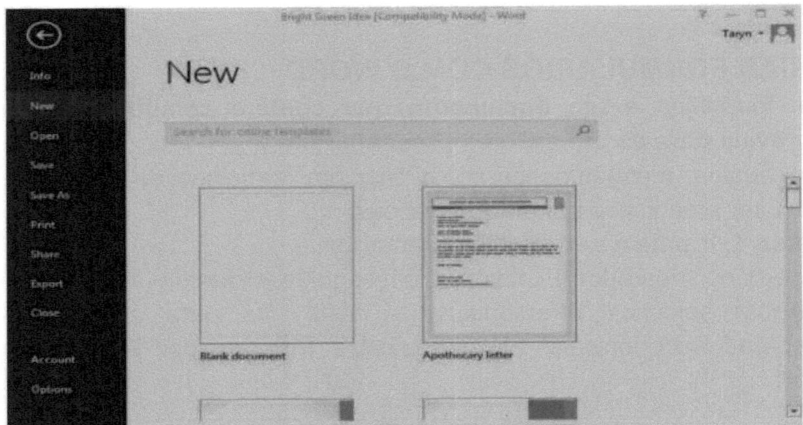

Passo 3: Adicionar conteúdo a este formulário

. Aceda à secção "Programador" e clique em "Modo de criação".

- Em seguida, deve inserir os controlos pretendidos

aplicar.

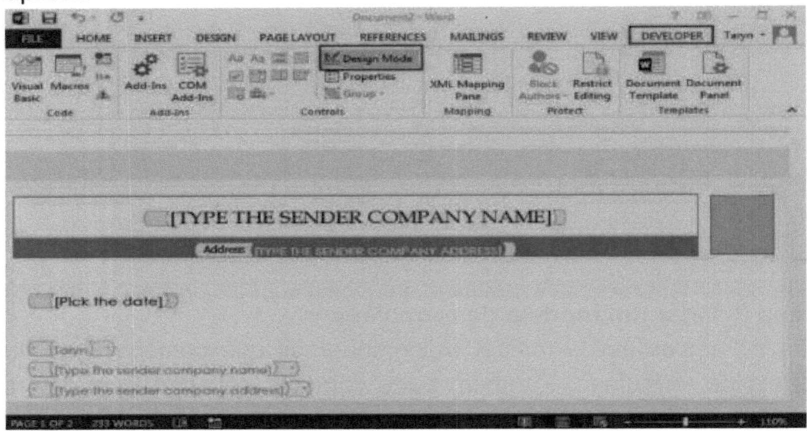

É necessário inserir um controlo de texto numa secção onde os utilizadores podem introduzir texto.

Os utilizadores podem formatar o texto em itálico ou negrito utilizando um controlo de conteúdo de rich text. Podem também escrever vários parágrafos. Se quiser limitar o que os utilizadores podem adicionar, tem de introduzir (ou melhor ainda, inserir) um controlo de conteúdo de texto simples.

- Clique na peça em que pretende inserir este controlo.
- Aceda à secção "Programador" e selecione "Controlo de conteúdo

de texto simples" ou "Controlo de conteúdo de texto rico".

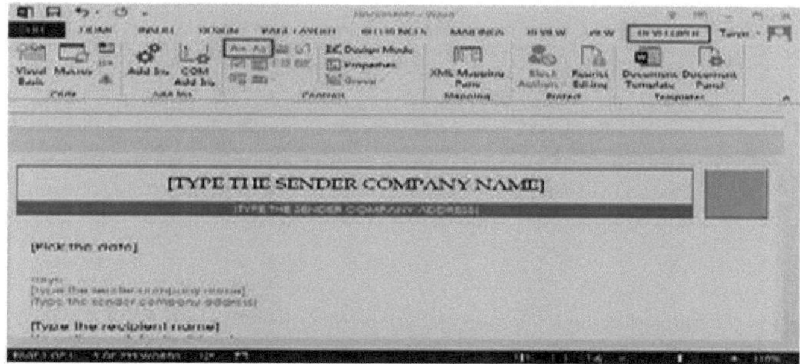

Passo 4: Definir as propriedades do controlo de conteúdo

É possível definir/modificar determinadas propriedades para todos os controlos de conteúdo.

- Selecione o controlo de conteúdo (imagem, seletor de data, etc.) que pretende modificar.

. Aceda à secção "Programador", clique em "Propriedades" para selecionar as propriedades pretendidas.

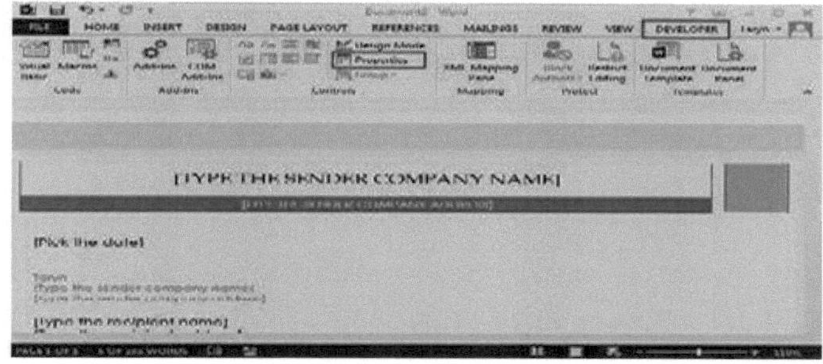

Passo 5: Incluir um texto de instruções no seu formulário

Proceda da seguinte forma para personalizar o texto de instruções por defeito para os utilizadores do formulário: . Aceder à secção "Programador" e selecionar "Modo de criação".

- Clique no controlo de conteúdo em que pretende alterar o texto de instruções para o espaço reservado.
- Aplique a alteração pretendida ao texto de substituição e aplique a formatação no estilo que preferir.

. Mais uma vez, vá à secção "Programador" e desmarque "Modo de criação" para desativar a função de desenho e guardar o texto de instruções que adicionou.

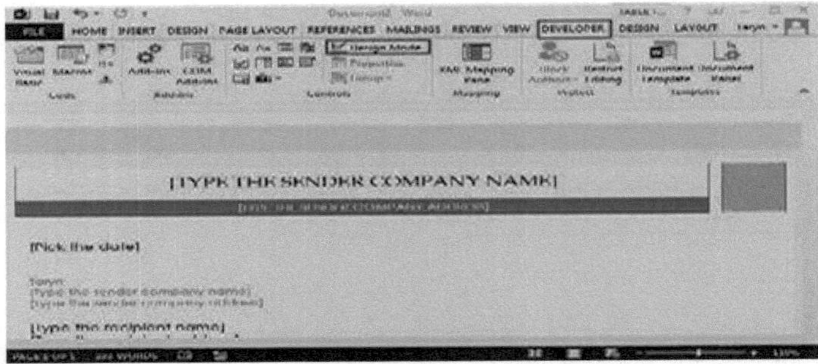

Passo 6: Incluir proteção no seu formulário

Este passo (utilizando o comando "Restringir edição") permite-lhe limitar a possibilidade de outras pessoas formatarem/editarem o seu formulário:

- Abra o formulário e vá a "Home", clique em "Selecionar" e prima CTRL + A no teclado.

. Aceda ao separador "Programador" e selecione "Restringir publicação".

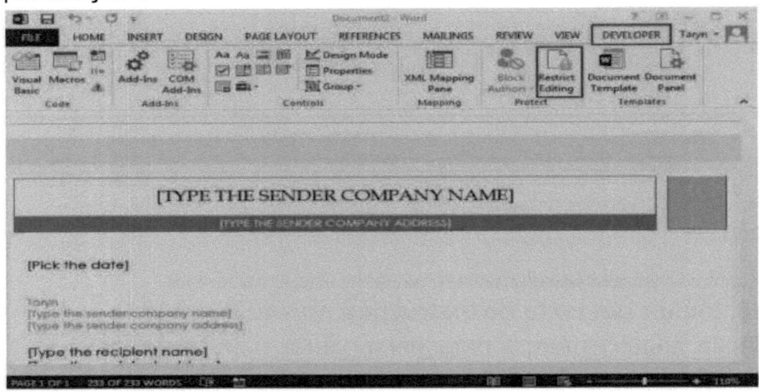

CAPÍTULO VII

SOFTWARE ANTIVÍRUS

VII.1.DEFINIÇÃO DE CONCEITOS

Software: Todos os programas e procedimentos necessários para o funcionamento de um sistema informático.

Antivírus: Utilitário de software que detecta e destrói vírus informáticos que atacam a memória de um computador.

VII.2.INSTALAÇÃO

É essencial seguir um procedimento rigoroso ao instalar o software antivírus no seu computador.

A maior parte do software antivírus está disponível para descarregamento nos sítios Web dos respectivos editores. Se ainda não tiver instalado esse software, ou se o fabricante do computador não o tiver instalado por defeito, é essencial que o instale você mesmo. No entanto, é perigoso descarregar software antivírus de um computador que não esteja protegido por esse programa.

A solução mais segura e mais recomendada é, portanto, descarregá-lo de um computador que já esteja protegido por um antivírus e depois guardá-lo numa pen USB. Pode então instalá-lo no computador que pretende proteger sem correr o risco de apanhar um vírus. Para tal, certifique-se de que o computador desprotegido está isolado da Internet, pois pode ser alvo de um ataque de hackers durante a fase de instalação.

Para isso, basta desativar a ligação de rede no painel de controlo do computador ou, se for o caso, basta desligar a tomada que liga o computador à rede. Uma vez instalado o antivírus a partir do programa contido na pen USB, o computador pode voltar a ligar-se à Internet. O computador já beneficia de um bom nível de proteção, mesmo que ainda não tenham sido instaladas todas as definições de vírus mais recentes.

Deve ter em atenção que os editores deste programa estão a melhorar o seu software quase diariamente para acompanhar a inventividade dos piratas da Internet em infetar e obter acesso a computadores ligados à Internet. Por conseguinte, é aconselhável efetuar imediatamente as actualizações propostas pelos editores do software. Dependendo das suas definições, estas actualizações são efectuadas (o que é geralmente o caso) de forma totalmente automática, sem que os utilizadores se apercebam.

Abaixo está uma lista (não exaustiva) de alguns dos softwares antivírus mais populares no mercado:

Nome do software	**Editora**	**Gratuito/Pago**	**Onde posso descarregá-lo?**
Avast	Avast	Livre e pagante	www.avast.com
AVG	AVG	Gratuito/Pago	www.avg.com
Defensor de bits	Bit Defensor	Pagar	www.bitdefender.fr
Kaspersky	Kaspersky	Pagar	www.kaspersky.com
McAfee	McAfee	Pagar	www.mcafee.com
Segurança da Microsoft Fundamentos	Microsoft	Grátis	www.microsoft.fr
Norton Antivírus	Symantec	Pagar	www.symantec.com
Windows Defender	Microsoft	Grátis	www.microsoft.com
Algum software anti-vírus		são gratuitos, enquanto outros têm de ser pagos.	

Mesmo os editores de software gratuito oferecem versões mais potentes ou com funções mais alargadas, mas que têm de ser pagas. Muitas vezes, é preciso procurar muito nos sítios Web dos editores para saber onde e como descarregar a versão gratuita do seu software, porque eles fazem questão de o encorajar a descarregar uma versão paga. Alguns programas são gratuitos durante um determinado período de tempo (por exemplo, 30 dias), para que o utilizador possa testá-los antes de os comprar. Outros são totalmente gratuitos, pelo menos por enquanto, mas isso pode mudar consoante o seu sucesso ou a estratégia comercial dos seus editores.

Alguns programas antivírus também incorporam um módulo denominado "firewall" que fornece proteção para impedir que os hackers penetrem no seu computador, fechando as portas que os deixam entrar. Esta é, obviamente, uma proteção absolutamente essencial. Se o software antivírus que escolher não oferecer também esta proteção, terá de instalar também um software de firewall.

Por outro lado, é totalmente desaconselhável instalar vários programas antivírus ou de firewall no mesmo computador, pois isso pode levar a bloqueios e não melhorará o nível de proteção do seu computador.

Entre os vários programas antivírus, o da Microsoft (denominado

Microsoft Security Essentials nas versões do Windows 7 e Windows Defender a partir do Windows 8 e 10) oferece um nível de proteção muito bom, apesar de ser gratuito, sem consumir demasiados recursos, ou seja, não torna o computador demasiado lento quando está a ser executado e quando estão a ser feitas actualizações. Assim, pode continuar a trabalhar quase sem ser notado enquanto está a funcionar. Estes dois programas anti-vírus, que são actualizados com as actualizações regulares do Windows, são automaticamente desactivados assim que outro programa anti-vírus é instalado e são reactivados se um programa anti-vírus de terceiros for desinstalado.

Alguns pacotes de software mais antigos aumentaram de tamanho ao longo dos anos e estão a tornar-se cada vez mais complexos e consumidores de recursos. Por conseguinte, atrasam o trabalho ou, no mínimo, o arranque e o funcionamento dos computadores. O risco é que alguns utilizadores impacientes possam ser tentados a desativar o seu software antivírus para facilitar o seu trabalho.

INSTALAR SOFTWARE ANTIVÍRUS NO WINDOWS

Independentemente do antivírus que escolher, a instalação e configuração num dispositivo Windows é bastante semelhante. Eis como o fazer:

1. **Criar uma conta**

Nem sempre é necessário criar uma conta imediatamente, mas será prático a longo prazo. Em alguns editores, o registo não é necessário de imediato, mas será exigido no prazo de 30 dias após a compra. A criação de uma conta dá-lhe acesso direto a actualizações e permite-lhe gerir as suas licenças e outras funcionalidades, como a funcionalidade antirroubo remota para o seu dispositivo móvel, num único local.

2. **Descarregar o antivírus**

Clique para descarregar o antivírus. Normalmente, o antivírus indica-lhe o espaço de que necessita, pelo que poderá ter de eliminar alguns ficheiros para libertar espaço.

3. **Autorizar alterações**

É também crucial verificar se tem privilégios de administrador, uma vez que terá de autorizar a instalação do software. Este passo requer que introduza a sua palavra-passe através de uma conta de administrador. Parece complicado, mas é provável que já seja o administrador e o Windows irá simplesmente autorizar a instalação quando a executar. Experimente.

4. **Siga o processo de instalação no ecrã**

O software irá então guiá-lo através de um curto processo de instalação, que normalmente envolve a aceitação dos termos e condições de utilização e a definição do local onde o antivírus será registado. O instalador guiá-lo-á através destes passos.

5. **Reiniciar o computador**

A versão que descarregou pode não ser a mais recente. Basta reiniciar o computador, que apresentará todas as actualizações que tem de instalar. Uma vez feito isso, execute uma verificação completa do seu computador

VII .3.UTILIZAÇÃO

Por vezes, pessoas ou organizações mal-intencionadas tentam roubar dados pessoais utilizando spyware ou vírus. Na maior parte das vezes, estes ataques têm como objetivo recuperar dados bancários, documentos secretos, dados confidenciais, etc.

Para se proteger contra estes ataques e contra os vírus que podem destruir o seu sistema, foi desenvolvido um software **antivírus**. No entanto, também é possível encontrar software antivírus para Android, para o seu smartphone ou tablet.

Para além do software antivírus para combater os ataques e limpar o seu sistema, é também aconselhável **ativar uma firewall**.

No entanto, é de notar que a utilização de software antivírus nem sempre é suficiente para o proteger de vírus ou malware. As suas **definições e utilização** são igualmente importantes para garantir que o seu software antivírus detecta ficheiros suspeitos e os coloca em quarentena.

Utilizar o antivírus com opções interessantes

Antes de escolher qualquer antivírus, é importante **identificar a forma como utiliza o seu computador**: deixa-o ligado 24 horas por dia? Descarrega frequentemente? Visita regularmente sítios de alto risco? Tem tendência para instalar programas que não sabe de onde vêm? Com base nas suas respostas, pode começar a procurar um antivírus.

Com o software antivírus, o software malicioso e os vírus armazenados no disco rígido podem ser detectados. Mas as soluções mais completas também oferecem uma **firewall** eficaz para proteger o computador contra ataques. Algumas soluções antivírus também podem analisar a sua memória RAM, os e-mails recebidos e enviados

e o sector de arranque. Estas diferentes opções permitem-lhe evitar melhor os perigos e riscos.
Outro ponto importante: o seu software antivírus deve ser capaz de colocar **em quarentena** os ficheiros que podem ser afectados e danificados por um vírus. Por isso, é melhor ter cuidado!

Identificar potenciais infecções

Quando instalar o seu software antivírus, não se esqueça de configurar **uma verificação dos seus ficheiros** em suportes amovíveis e no disco rígido. Isto ajudará a identificar qualquer software malicioso.

Para ativar esta política de verificação, vá à área de configuração do seu software antivírus. Uma vez definida, a verificação irá analisar todos os ficheiros acessíveis no seu disco rígido e dispositivos USB.

No entanto, tenha em atenção que a execução desta verificação **irá diminuir o desempenho do seu computador**. Se estiver a executar uma aplicação que utilize muita capacidade da CPU, por exemplo, a verificação tornará o seu PC inutilizável. Por isso, execute uma verificação de forma a não interferir com a utilização do seu computador.

Por último, verifique se os ficheiros são colocados **em quarentena e não eliminados** automaticamente. O seu software antivírus pode considerar que um ficheiro é um vírus, mesmo que seja saudável.

POLÍTICAS DE ACTUALIZAÇÃO DE ANTIVÍRUS

Quando utilizar o seu software antivírus, não se esqueça de verificar se está **atualizado** e se pode proteger o seu sistema ao longo do tempo. Em geral, o software antivírus baseia-se numa base de dados de vírus identificados. Esta base de dados é actualizada regularmente, uma vez que os hackers desenvolvem novos vírus todas as semanas.

Com alguns softwares antivírus, esta **atualização é feita automaticamente**. Com este sistema, não precisa de se preocupar com o esquecimento: é feito automaticamente. Se esta opção estiver disponível, lembre-se de a ativar. Caso contrário, crie um memorando para o poder fazer manualmente.

Agora tem toda a informação necessária para utilizar corretamente o seu software antivírus. Seguindo estes conselhos, o seu computador ficará protegido contra ataques e vírus e as tentativas de recuperação dos seus dados pessoais serão reduzidas ao mínimo. Com o software antivírus, pode navegar na Internet com toda a tranquilidade!

CAPÍTULO VIII

FORMATAÇÃO CONDICIONAL COM O EXCEL

Pode utilizar a formatação condicional para realçar as células que contêm valores correspondentes a uma condição. Ou, pode formatar um intervalo inteiro de células e variar a formatação de acordo com os valores em cada uma das células.

Informações sobre a temperatura com formatação condicional que apresenta 10% dos valores mais elevados e 10% dos valores mais baixos

	A	B	C	D	E	F	G	H	I	J	K	L	M
1		Janv	Févr	Mars	Avr	Mai	Juin	Juil	Août	Sep	Oct	Nov	Déc
2	Moy. ht	4	3	7	8	11	13	19	22	21	15	7	5
3	Moy. bs	1	1	4	5	7	9	11	13	12	7	5	3

Informação sobre a temperatura com sombreado condicional em 3 cores:

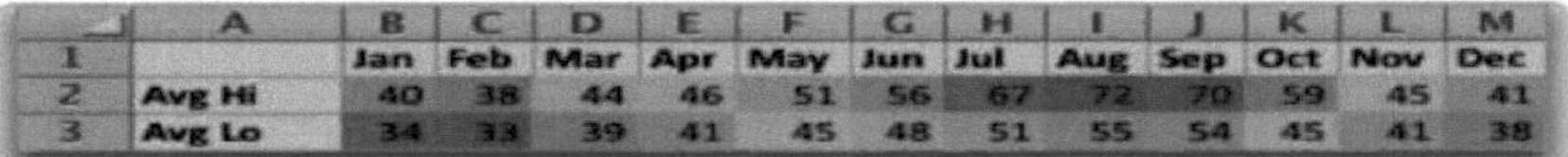

	A	B	C	D	E	F	G	H	I	J	K	L	M
1		Jan	Feb	Mar	Apr	May	Jun	Jul	Aug	Sep	Oct	Nov	Dec
2	Avg Hi	40	38	44	46	51	56	67	72	70	59	45	41
3	Avg Lo	34	33	39	41	45	48	51	55	54	45	41	38

VIII.1.APLICAR FORMATAÇÃO CONDICIONAL

1. Selecione o intervalo de células, a tabela ou a folha inteira onde pretende aplicar a formatação condicional.
2. No separador **Página inicial**, clique em **Formatação condicional**.

VIII.2.CONDIÇÕES DAS FÓRMULAS

Função SI.CONDIÇÕES

A função SI.CONDITIONS verifica se uma ou mais condições são satisfeitas e devolve um valor correspondente à primeira condição verdadeira. Utilizar esta função é como utilizar várias instruções SI aninhadas, mas é muito mais fácil de ler quando várias condições se seguem umas às outras.

Sintaxe simples

A função SI.CONDITIONS utiliza geralmente a seguinte sintaxe: *=SI.CONDITIONS([logic_test1; true_value1; logic_test2; true_value2; logic_test3;true_value3)*

A função SI.CONDITIONS permite-lhe testar até 127 condições

diferentes. No entanto, não é recomendável aninhar demasiadas condições com instruções SI ou SI.CONDITIONS. No entanto, não é aconselhável utilizar demasiadas condições, uma vez que estas devem ser introduzidas pela ordem correta. Podem também ser difíceis de criar, testar e atualizar.

Exemplo 1

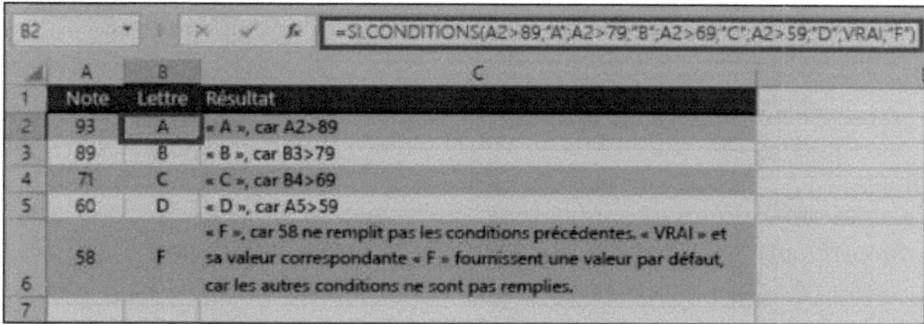

=SI.CONDITIONS(A2>89;"A";A2>79;"B";A2>69;"C";A2>59;"D";VRAI;"F")

Note	Lettre	Résultat
93	A	« A », car A2>89
89	B	« B », car B3>79
71	C	« C », car B4>69
60	D	« D », car A5>59
58	F	« F », car 58 ne remplit pas les conditions précédentes. « VRAI » et sa valeur correspondante « F » fournissent une valeur par défaut, car les autres conditions ne sont pas remplies.

A fórmula para as células A2:A6 é a seguinte:

=SI.CONDITIONS(A2>89;"A";A2>79;"B";A2>69;"C";A2>59;"D";VRAI;"
F")

A fórmula tem o seguinte significado: *SI.CONDIÇÕES(A2 é maior que 89, devolve o valor "A"; SE A2 é maior que 79, devolve o valor "B"; etc. e para todos os outros valores menores que 59, devolve o valor "F").*

Exemplo 2

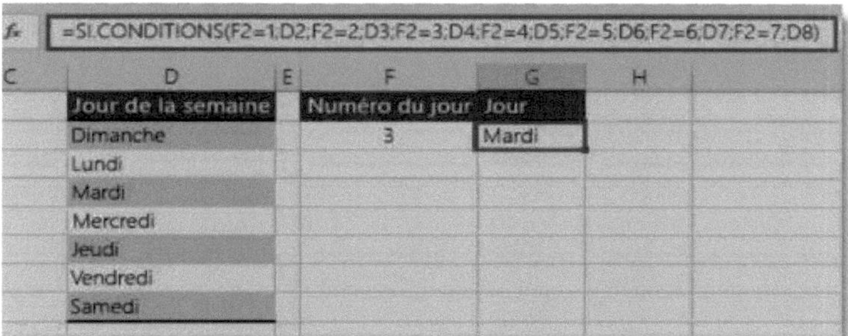

=SI.CONDITIONS(F2=1;D2;F2=2;D3;F2=3;D4;F2=4;D5;F2=5;D6;F2=6;D7;F2=7;D8)

Jour de la semaine	Numéro du jour	Jour
Dimanche	3	Mardi
Lundi		
Mardi		
Mercredi		
Jeudi		
Vendredi		
Samedi		

A fórmula na célula G7 é :

=SI.CONDITIONS(F2=1;D2;F2=2;D3;F2=3;D4;F2=4;D5;F2=5;D6;F2=
6;
D7;F2=7;D8)

A fórmula tem o seguinte significado: *SE (o valor na célula F2 é igual a 1, retorna o valor na célula D2; SE o valor na célula F2 é igual a 2, retorna o valor na célula D3; etc., terminando com o valor na célula D8 se nenhuma outra condição for satisfeita).*

Observações

- Para especificar um resultado predefinido, introduza TRUE para o seu argumento final de teste_lógico. Se nenhuma outra condição for satisfeita, o valor correspondente será retornado. Este resultado é mostrado nas linhas 6 e 7 (com a nota 58) do primeiro exemplo.

. Se for fornecido um argumento *test_logic* sem um argumento *true_value* correspondente, esta função devolve a mensagem de erro "O número de argumentos introduzidos é insuficiente para esta função".

- Se um argumento *test_logic* for avaliado e resultar num valor diferente de TRUE ou FALSE, esta função devolve um erro #VALUE!
- Se não for encontrada uma condição VERDADEIRA, esta função devolve o erro #N/A.

VIII.3.PESQUISA DE DUPLICADOS

VIII.3.1.DEFINIÇÃO

Um duplicado é um erro tipográfico, uma repetição de um elemento do manuscrito (palavra, frase, etc.). [§]Algo em duplicado, que duplica . Por vezes, os dados duplicados são úteis, mas outras vezes apenas tornam os dados mais difíceis de compreender. Utilize a formatação condicional para procurar e realçar dados duplicados. Desta forma, pode rever os duplicados e decidir se os quer eliminar.

1. Selecionar as células em que se pretende verificar o presença de duplicados.

Observação: O Excel não pode destacar duplicatas na área Valores de um relatório de tabela dinâmica.

[§] https://dictionnaire.lerobert.com, consultado em 27/10/2023 às 04h24".

2. > > > Selecionar **Página inicial Formatação condicional Destacar células com valores duplicados**.

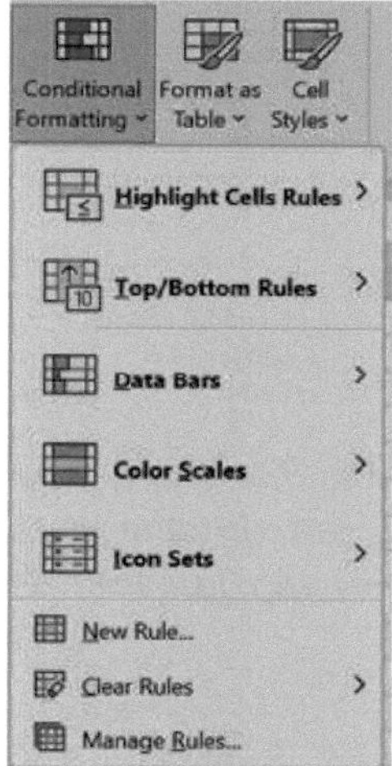

3. Na caixa junto a **valores com**, selecione a formatação que pretende aplicar aos valores duplicados e, em seguida, selecione **OK.**

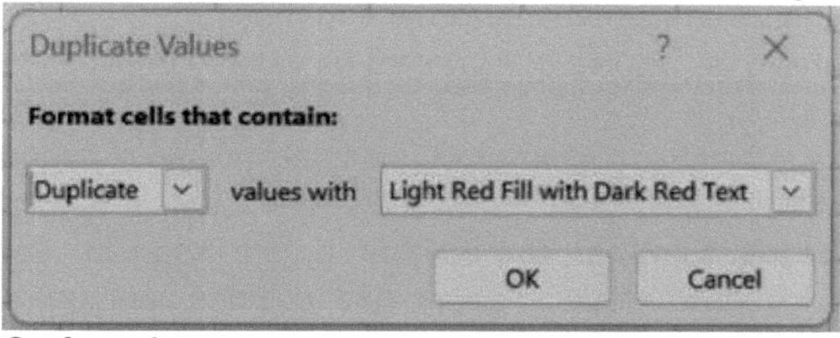

Ou fazer isto;

1. selecionar a área em que pretende eliminar os duplicados Excel ;
2. clique no ícone de formatação condicional. A opção é representada por um ícone com várias pequenas caixas vermelhas e azuis de diferentes tamanhos;
3. selecionar a opção "regras de realce de células" ;
4. desloque-se para baixo até à parte inferior do separador contextual aberto e clique em Duplicar valores.

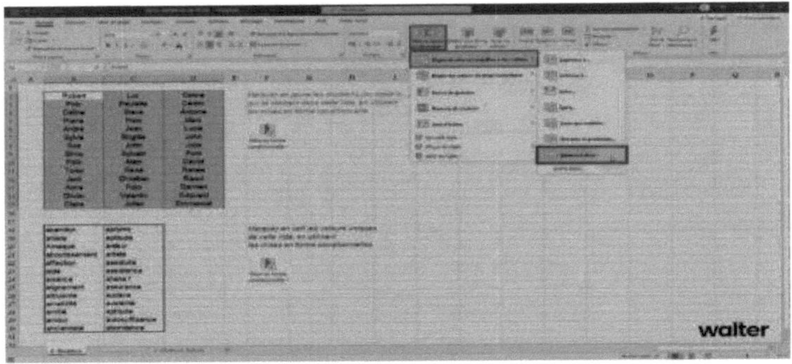

Verá os duplicados na área selecionada destacados. Graças a uma janela pop-up aberta, pode selecionar a cor da sua escolha para indicar os duplicados. Este sistema permite-lhe ver rapidamente os duplicados ou um maior número de valores.

ELIMINAR VALORES DUPLICADOS

Quando utiliza a função **Delete Duplicates**, os dados duplicados são permanentemente eliminados. Antes de eliminar os duplicados, é aconselhável copiar os dados originais para outra folha de cálculo, de modo a não perder inadvertidamente qualquer informação.

1. Selecione o intervalo de células que contém os valores duplicados que pretende eliminar.

Sugestão: Remova quaisquer contornos ou subtotais nos seus dados antes de tentar remover duplicados.

2. > Selecione **Dados Eliminar duplicados** e, em seguida, em **Colunas**, marque ou desmarque a caixa das colunas nas quais pretende eliminar duplicados.

Por exemplo, nesta folha de cálculo, a coluna de janeiro contém informações sobre preços que pretendo manter.

	A	B	C	D
1	Nom	Prix chaque mois		
2		Janvier	Février	Mars
3	Pelle-pioche	0,00 €	32,00 €	43,00 €
4	Barre énergétique pour cycliste	0,00 €	5,00 €	5,00 €
5	Barre énergétique pour cycliste	0,00 €	12,00 €	18,00 €
6	Kit de conduite sans les mains	250,00 €	220,00 €	180,00 €
7	Cadenas	30,00 €	20,00 €	15,00 €
8	Cadenas à clé	0,00 €	11,00 €	22,00 €
9	Chaîne de qualité standard	0,00 €	26,00 €	25,00 €
10	Chaîne Deluxe	0,00 €	55,00 €	53,00 €
11	Chaîne de qualité supérieure	0,00 €	85,00 €	99,00 €
12	Pelle-pioche	0,00 €	32,00 €	43,00 €
13	Barre énergétique pour cycliste	0,00 €	5,00 €	5,00 €
14	Barre énergétique pour cycliste	0,00 €	12,00 €	18,00 €
15	Kit de conduite sans les mains	250,00 €	220,00 €	180,00 €
16				

Desactivei **o Janvier** feito na caixa **Eliminar duplicados**.

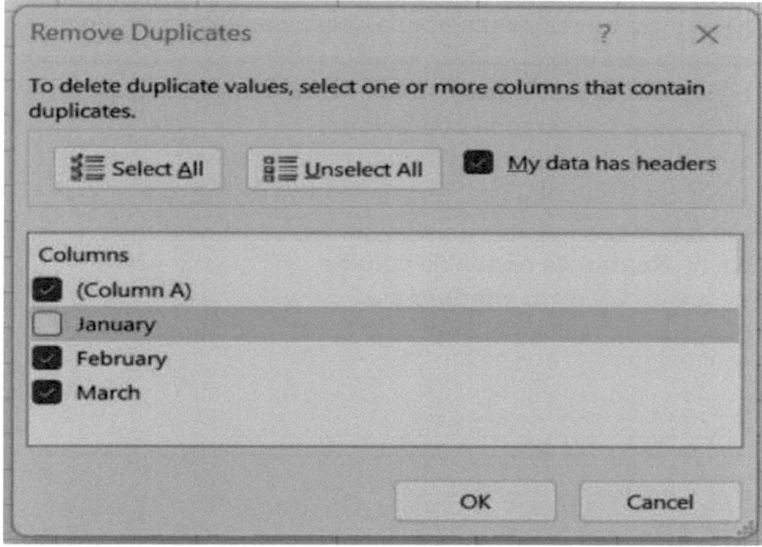

3. Selecione **OK**.

Nota: O número de valores únicos e duplicados apresentados após a eliminação pode incluir células vazias, espaços, etc.

VIII.4.FORMATAÇÃO CONDICIONAL E ORDENAÇÃO

VIII.4.1.FORMATAÇÃO CONDICIONAL

Para além do que vimos anteriormente, **a Formatação Condicional** também permite definir o esquema de uma célula se uma condição for satisfeita no conteúdo dessa célula.

Por exemplo, no quadro do volume de negócios, pretende-se que os valores inferiores a 100 000 euros sejam destacados a vermelho.

	A	B	C	D	E	F
1						
2						
3			Quantité	Tarif	CA	
4		Ana	1 440	100	144 000	
5		Paolo	875	100	87 500	
6		Pedro	1 257	100	125 700	
7		Sandrine	912	100	91 200	
8		Edward	1 101	100	110 100	
9		Paul	1 129	100	112 900	
10						
11						
12						

O volume de negócios inferior a 100 000 euros é apresentado a vermelho.

Claro que poderia colorir as células que satisfazem a condição (menos de 100.000 euros), mas neste caso, se o valor mudar e passar para mais de 100.000 euros, a célula manterá a disposição e permanecerá a vermelho.

Para o evitar, é necessário utilizar a formatação condicional.

Para **aplicar esta formatação condicional** :

- Selecione as células a serem formatadas.
- Clique no separador **Início**.

. No grupo **Estilos**, clique no ícone **Formatação condicional**

- Selecione **Regras de realce de células**.
- Em seguida, clique em **Inferieur a...**

Aparece a caixa de diálogo abaixo:

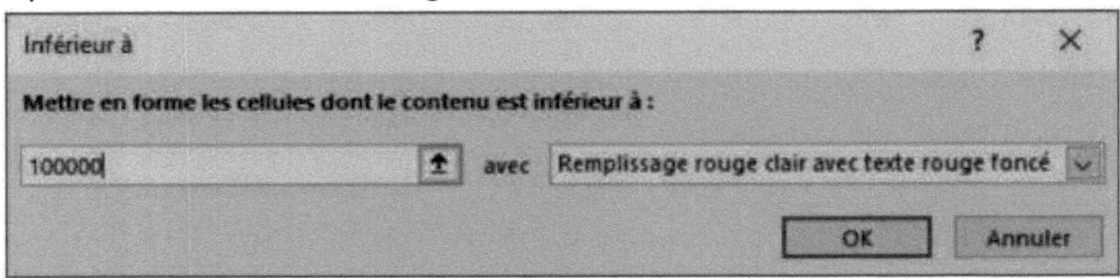

Introduzir 100000 na caixa de diálogo

❖ Clique em OK para validar a formatação condicional.

Quando clica em OK, a formatação que definiu é aplicada às células que satisfazem a condição, ou seja, as que são inferiores a 100.000 euros.

Se pretender remover a formatação automática, proceda da seguinte forma:

❖ Selecione as células a serem formatadas.

❖ Clique no separador **Início**.

❖ No grupo **Estilos**, clique no ícone **Formatação condicional**.
❖ Selecione **Eliminar regras**.
❖ Em seguida, clique em **Limpar regras das células selecionadas**.

No exemplo seguinte, são apresentados três indicadores coloridos de acordo com o volume de negócios.

	Quantité	Tarif	CA
Ana	1 440	100	144 000
Paolo	875	100	87 500
Pedro	1 257	100	125 700
Sandrine	912	100	91 200
Edward	1 101	100	110 100
Paul	1 129	100	112 900

Formatação condicional com 3 indicadores

Para **aplicar esta formatação condicional** :

❖ Selecione as células a serem formatadas.
❖ Clique no separador **Início**.
❖ No grupo **Estilos**, clique no ícone **Formatação condicional**.
❖ Selecione **Conjuntos de ícones**.
❖ Em **Formas**, selecione **3 indicadores (sem margens)**.

A formatação condicional é muito útil para realçar elementos quando uma condição é satisfeita. Tem uma vasta gama de utilizações e existem muitas possibilidades. Deixo-o à vontade para descobrir todo o seu potencial e ser criativo!

VIII.4.2.TRIS

VIII.4.2.1.ORDENAR DADOS RAPIDAMENTE NO EXCEL

Este é o caso mais simples: pretende ordenar a sua tabela de dados de acordo com os valores de uma única coluna. Quer essa coluna contenha texto, números, datas ou horas, o princípio é exatamente o mesmo. Para o exemplo, vamos utilizar uma coluna de texto.

O seu quadro pode ou não conter títulos de coluna; o Excel detecta se existem e raramente se engana. O melhor seria adicioná-los sistematicamente para tornar os quadros mais compreensíveis. Abaixo, os nossos títulos de coluna chamam-se *Cidade, Região* e *Volume de Negócios*.

Ville	Région	Chiffre d'affaires
Pau	Nouvelle-Aquitaine	393 801 €
Toulouse	Occitanie	222 661 €
Nice	PACA	463 202 €
Aix-en-Provence	PACA	234 149 €
Perpignan	Occitanie	360 725 €
Bayonne	Nouvelle-Aquitaine	316 896 €
Avignon	PACA	189 053 €
La Rochelle	Nouvelle-Aquitaine	318 879 €

As mesmas opções de ordenação podem ser encontradas em diferentes locais nos menus do Excel, por isso aqui vamos mostrar-lhe quatro métodos, todos igualmente rápidos, por isso use o que preferir. E escusado será dizer que todos eles produzem o mesmo resultado!

Para ordenar uma tabela de acordo com os valores de uma coluna, clique em qualquer **célula** dessa coluna. Por exemplo, clique numa célula da coluna *Cidade* para ordenar as cidades por ordem alfabética.

. **Método 1** - No separador **Página inicial**, clique em **Ordenar e filtrar > Ordenar de A a Z** para ordenar por ordem crescente ou **Ordenar de Z a A** para ordenar por ordem decrescente.

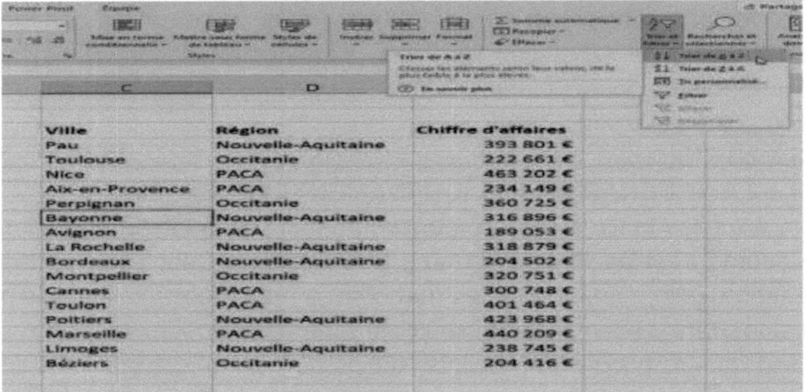

Ville	Région	Chiffre d'affaires
Pau	Nouvelle-Aquitaine	393 801 €
Toulouse	Occitanie	222 661 €
Nice	PACA	463 202 €
Aix-en-Provence	PACA	234 149 €
Perpignan	Occitanie	360 725 €
Bayonne	Nouvelle-Aquitaine	316 896 €
Avignon	PACA	189 053 €
La Rochelle	Nouvelle-Aquitaine	318 879 €
Bordeaux	Nouvelle-Aquitaine	204 502 €
Montpellier	Occitanie	320 751 €
Cannes	PACA	300 748 €
Toulon	PACA	401 464 €
Poitiers	Nouvelle-Aquitaine	423 968 €
Marseille	PACA	440 209 €
Limoges	Nouvelle-Aquitaine	238 745 €
Béziers	Occitanie	204 416 €

. Mesmo que tenha selecionado apenas uma célula, o Excel tem em conta todo o quadro: cada linha é, portanto, ordenada, aqui por ordem alfabética crescente do nome da cidade.

Ville	Région	Chiffre d'affaires
Aix-en-Provence	PACA	234 149 €
Avignon	PACA	189 053 €
Bayonne	Nouvelle-Aquitaine	316 896 €
Béziers	Occitanie	204 416 €
Bordeaux	Nouvelle-Aquitaine	204 502 €
Cannes	PACA	300 748 €
La Rochelle	Nouvelle-Aquitaine	318 879 €
Limoges	Nouvelle-Aquitaine	238 745 €
Marseille	PACA	440 209 €
Montpellier	Occitanie	320 751 €
Nice	PACA	463 202 €
Pau	Nouvelle-Aquitaine	393 801 €
Perpignan	Occitanie	360 725 €
Poitiers	Nouvelle-Aquitaine	423 968 €
Toulon	PACA	401 464 €
Toulouse	Occitanie	222 661 €

Método 2 - Clique com o botão direito do rato em qualquer célula da coluna a ordenar e selecione **Ordenar > Ordenar de A a Z** no menu de contexto. Abaixo, a coluna *Região* é ordenada.

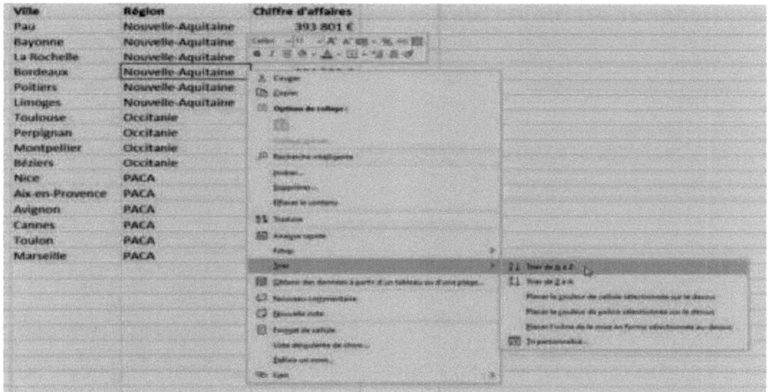

Ville	Région	Chiffre d'affaires
Pau	Nouvelle-Aquitaine	393 801 €
Bayonne	Nouvelle-Aquitaine	
La Rochelle	Nouvelle-Aquitaine	
Bordeaux	Nouvelle-Aquitaine	
Poitiers	Nouvelle-Aquitaine	
Limoges	Nouvelle-Aquitaine	
Toulouse	Occitanie	
Perpignan	Occitanie	
Montpellier	Occitanie	
Béziers	Occitanie	
Nice	PACA	
Aix-en-Provence	PACA	
Avignon	PACA	
Cannes	PACA	
Toulon	PACA	
Marseille	PACA	

. **Método 3 -** Clique em qualquer célula da coluna a ordenar e, no separador **Dados**, clique no ícone **Ordenar de A a Z** (ordem ascendente), **Ordenar de Z a A** (ordem descendente) ou **Ordenar** para visualizar a janela de ordenação personalizada.

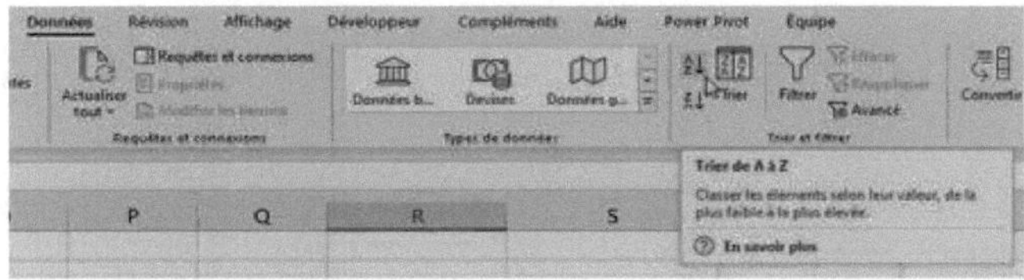

. **Método 4 -** Se tiver ativado os filtros na sua tabela, por exemplo, através do separador **Página inicial > Ordenar e filtrar > Filtro**, clique num botão de filtro na linha do cabeçalho e escolha **Ordenar de A a Z** ou **Ordenar de Z a A**.

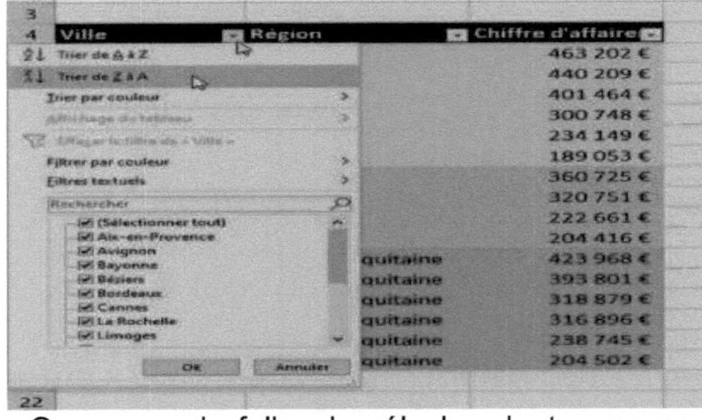

. Os menus da folha de cálculo adaptam-se ao tipo de dados. Se o Excel detetar que a coluna utilizada como critério de ordenação contém números ou horas, as opções são **Ordenar do menor para o maior** ou **Ordenar do maior para o menor**.

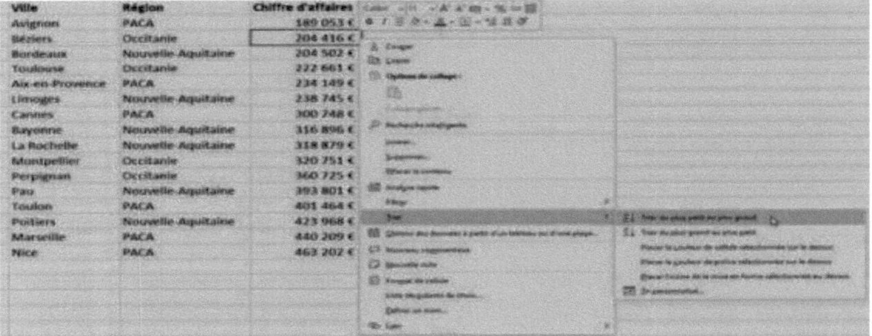

- E se a coluna contiver valores numéricos do tipo "data", as opções são **Ordenar do mais antigo para o mais recente** e **Ordenar do mais recente para o mais antigo.**

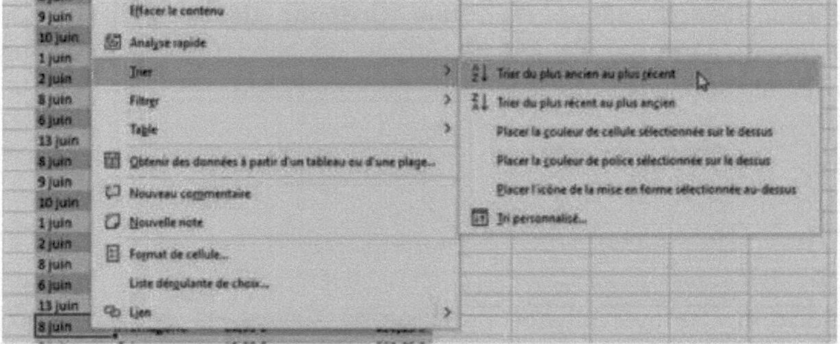

- Descartar sempre a olhar para o resultado. A ordenação não funcionou

corretamente? Comece por desfazê-la: prima **Ctrl+Z** num PC ou

Cmd+Z num Mac para desfazer a(s) última(s) ação(ões). Também pode utilizar o botão **Anular** no canto superior esquerdo da janela do Excel, que mostra uma lista das últimas acções que podem ser anuladas (nota: esta lista aplica-se a este livro de trabalho e a todos os ficheiros atualmente abertos no Excel!)

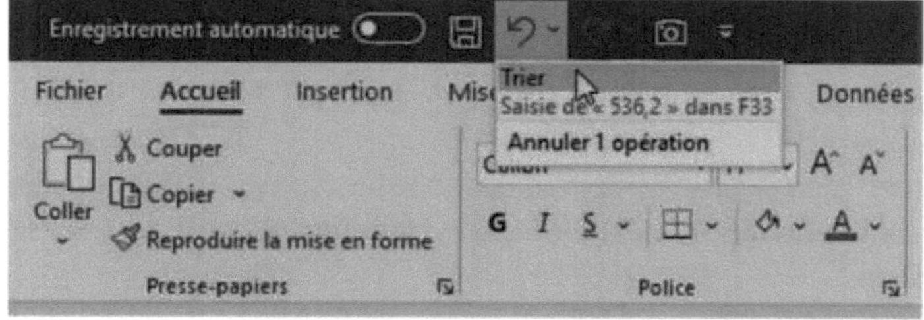

. Nota: se uma célula na coluna de ordenação estiver vazia, o Excel devolve a linha inteira no final da tabela. Abaixo, depois de ordenar pelos nomes das cidades, a linha sem um nome de cidade é colocada no fim da tabela.

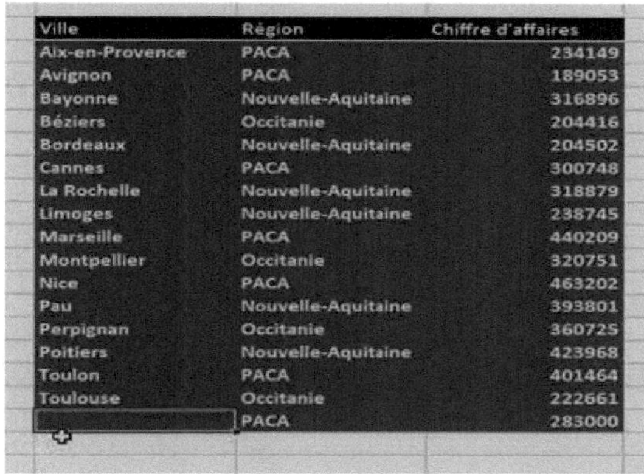

Ville	Région	Chiffre d'affaires
Aix-en-Provence	PACA	234149
Avignon	PACA	189053
Bayonne	Nouvelle-Aquitaine	316896
Béziers	Occitanie	204416
Bordeaux	Nouvelle-Aquitaine	204502
Cannes	PACA	300748
La Rochelle	Nouvelle-Aquitaine	318879
Limoges	Nouvelle-Aquitaine	238745
Marseille	PACA	440209
Montpellier	Occitanie	320751
Nice	PACA	463202
Pau	Nouvelle-Aquitaine	393801
Perpignan	Occitanie	360725
Poitiers	Nouvelle-Aquitaine	423968
Toulon	PACA	401464
Toulouse	Occitanie	222661
	PACA	283000

- Se a sua tabela tiver uma ou mais linhas completamente vazias mesmo no meio (*ver ilustração abaixo*), o Excel pode não ter tido em conta as linhas não vazias imediatamente a seguir: apenas ordenou parte dos seus dados. Se for este o caso, selecione você mesmo toda a tabela utilizando o rato ou o teclado e, em seguida, execute uma ordenação personalizada (*ver ordenação de várias colunas abaixo*) para facilitar a especificação do critério de ordenação.

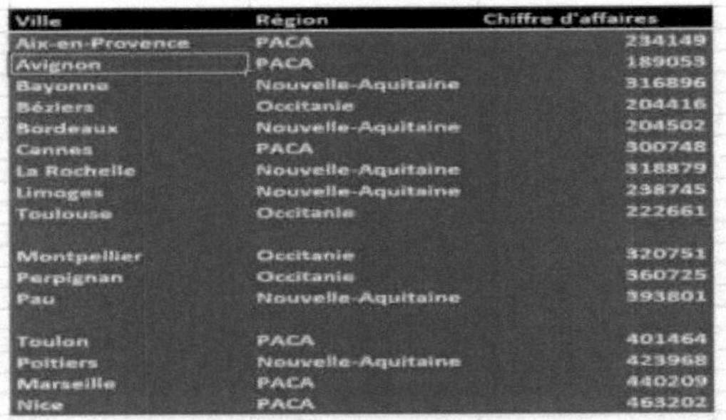

Ville	Région	Chiffre d'affaires
Aix-en-Provence	PACA	234149
Avignon	PACA	189053
Bayonne	Nouvelle-Aquitaine	316896
Béziers	Occitanie	204416
Bordeaux	Nouvelle-Aquitaine	204502
Cannes	PACA	300748
La Rochelle	Nouvelle-Aquitaine	318879
Limoges	Nouvelle-Aquitaine	238745
Toulouse	Occitanie	222661
Montpellier	Occitanie	320751
Perpignan	Occitanie	360725
Pau	Nouvelle-Aquitaine	393801
Toulon	PACA	401464
Poitiers	Nouvelle-Aquitaine	423968
Marseille	PACA	440209
Nice	PACA	463202

. Para resolver outros problemas de ordenação, consulte também as nossas diferentes secções, que oferecem dicas em função do tipo de dados a ordenar.

VIII.4.2.2.ORDENAR UMA TABELA COM VÁRIAS COLUNAS EM EXCEL

Ordenar um quadro em várias colunas ao mesmo tempo (até 64!) significa ordená-lo de acordo com vários critérios textuais e/ou numéricos, cuja ordem é especificada por si. É preferível que a primeira linha do seu quadro contenha os títulos das colunas, embora tal não seja obrigatório.

Antes de iniciar uma ordenação, pode selecionar uma única célula no intervalo de dados e deixar o Excel selecionar toda a tabela, o que é obviamente mais fácil, ou selecionar toda a tabela, incluindo a linha de cabeçalho, antes de iniciar a ordenação personalizada.

Primeiro, vamos dar uma vista de olhos rápida aos quatro métodos de apresentação da janela de ordenação personalizada.

. > **Método 1 -** Clique em qualquer célula da tabela e, em seguida, no separador **Página inicial Ordenar e filtrar > Ordenação personalizada**.

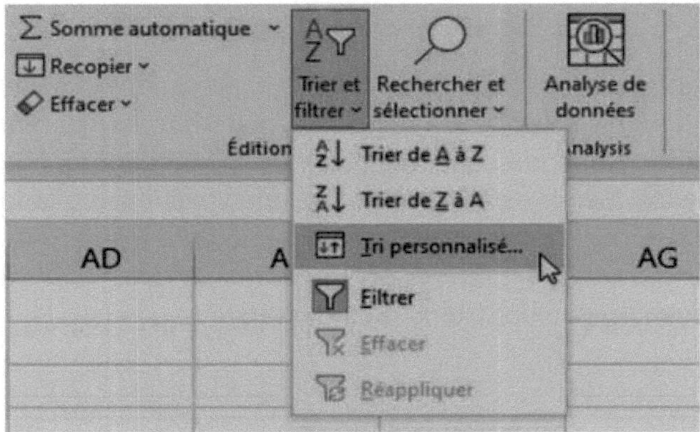

. **Método 2** - Clique com o botão direito do rato em qualquer célula da tabela e selecione **Ordenar > Ordenação personalizada**.

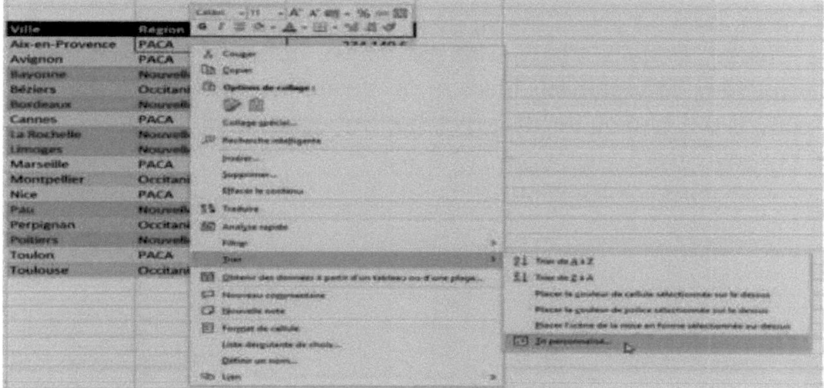

. **Método 3** - Clique em qualquer célula da tabela que, em seguida, no separador **Dados > Ordenar**.

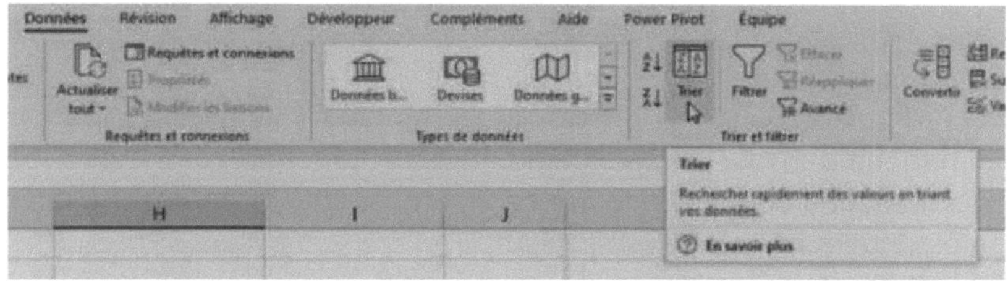

. **Método 4** - Se tiver ativado filtros para a sua tabela, por exemplo, através do separador **Página inicial > Ordenar e filtrar > Filtro**, clique num botão de filtro na linha do cabeçalho e escolha **Ordenar > Ordenar por cor > Ordenação personalizada,** mesmo que não pretenda ordenar por cor.

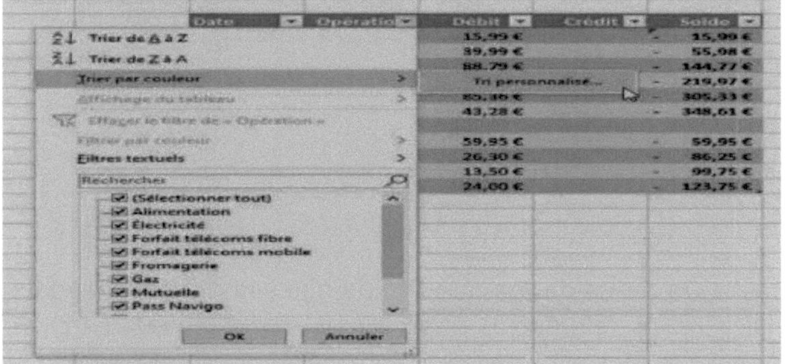

• Qualquer que seja o método escolhido, aparece a janela **Classificar**... O Excel seleciona toda a tabela e se detetar que a primeira linha do seu intervalo de células contém cabeçalhos (abaixo de *Cidade, Região, Volume de Negócios*), marca a caixa **Os meus dados têm cabeçalhos**. Marque ou desmarque esta caixa se tiver cometido um erro ou se você mesmo tiver selecionado o seu intervalo de células.

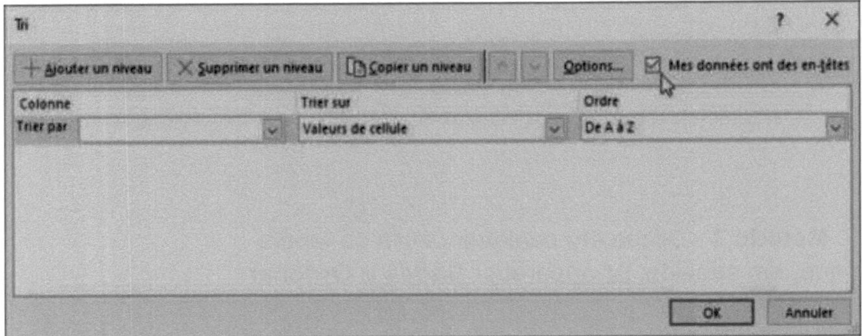

. Especifique o primeiro critério de ordenação. Se os seus dados incluírem uma linha de cabeçalho, a lista *Ordenar por* mostra os títulos das suas colunas. Indique na lista qual coluna deve ser usada para o primeiro nível de classificação.

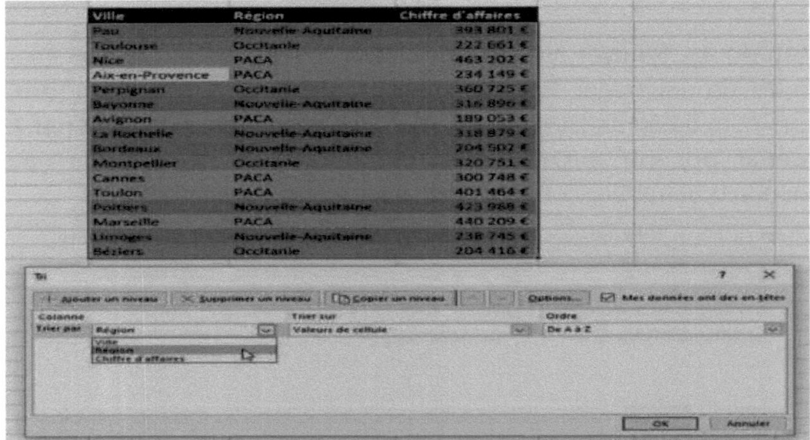

• Se a caixa **Os meus dados têm títulos** não estiver selecionada, o Excel mostra-lhe as referências das colunas, por exemplo, C, D, E, etc. Isto é muito menos informativo! Selecione a coluna relevante.

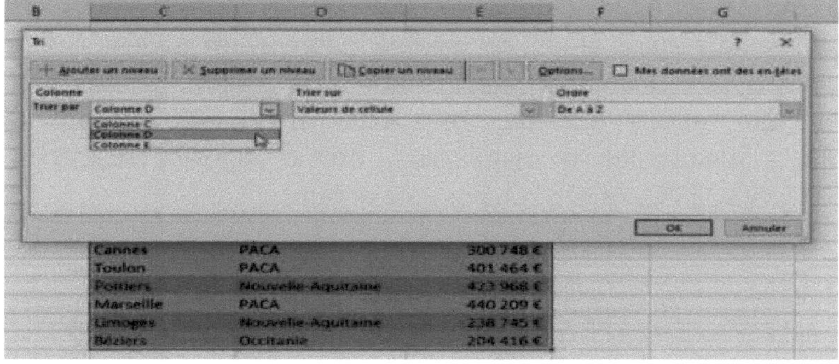

• Quer os seus dados contenham texto ou valores numéricos, como números, datas ou horas, na lista *Ordenar por*, deixe **Valores de célula**.

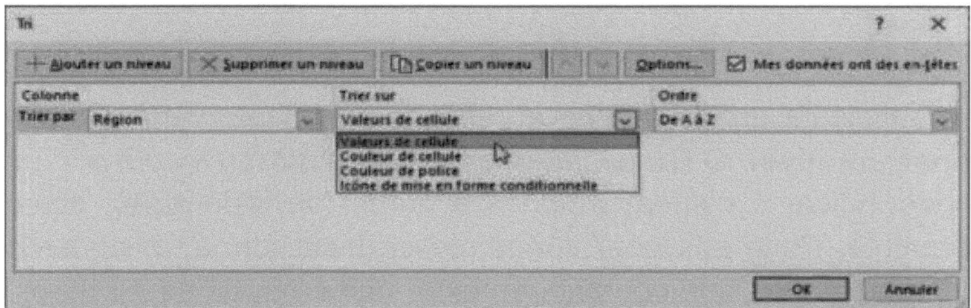

• Para este primeiro nível de critérios, especifique a ordem ascendente ou descendente: **de A a Z** ou **de Z a A**, se a coluna contiver texto; **do menor para o maior** ou **do maior para o menor**, se contiver números ou horas; **do mais antigo para o mais recente** ou **do mais recente para o mais antigo**, se contiver datas.

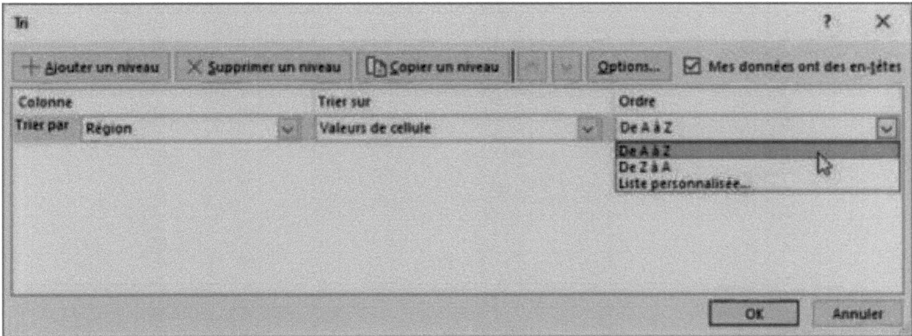

• Se as suas colunas contiverem texto, utilizando o botão **Opções**, pode também pedir ao Excel para diferenciar entre maiúsculas e minúsculas, assinalando a caixa **Sensível** a maiúsculas e minúsculas. Para uma ordenação ascendente, uma palavra em minúsculas aparecerá antes da mesma palavra em maiúsculas, e uma palavra sem acentos aparecerá antes da mesma palavra com acentos. Em termos práticos, após uma ordenação ascendente sensível a maiúsculas e minúsculas, obtém: agosto, AGOSTO, AGOSTO, AGOSTO, AGOSTO, por esta ordem.

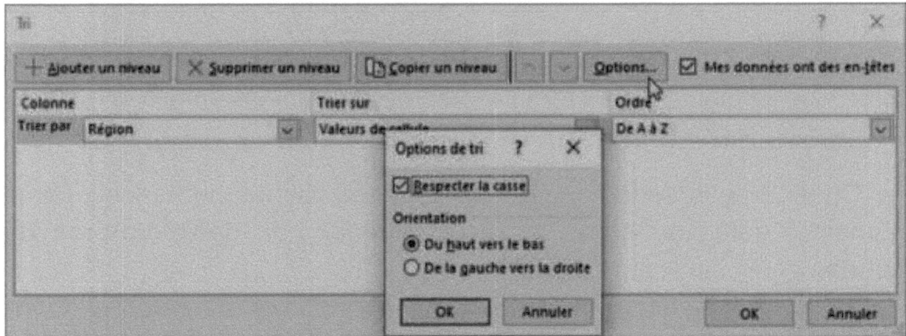

- Para adicionar um critério de ordenação adicional, prima o botão **Adicionar um nível**. O Excel criará uma linha abaixo, *Depois por*, na qual pode indicar a coluna, o tipo e a ordem de ordenação, como anteriormente. Pode adicionar vários níveis desta forma, misturando critérios em colunas que contenham texto, números, datas ou horas, cores, etc. Ambos

à direita do botão **Copiar nível** são utilizados para mover um critério de ordenação para cima ou para baixo na lista, ou para alterar a ordem de ordenação.

Os critérios mais elevados da lista são ordenados antes dos critérios mais baixos.

abaixo.

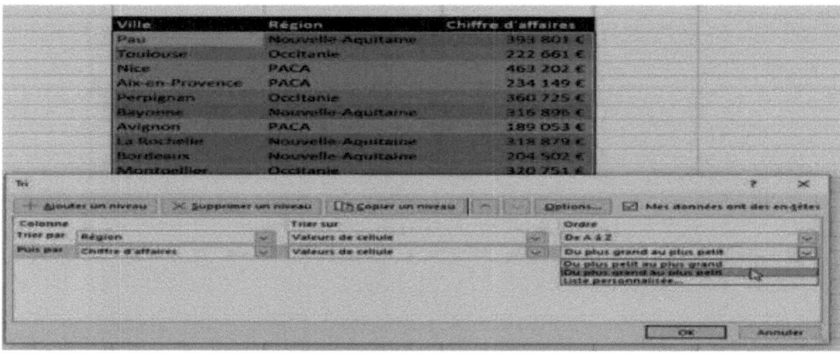

. Utilizando a nossa tabela de exemplo, eis o resultado da ordenação por região (por ordem alfabética crescente) e, em seguida, dentro de cada região, por valores de vendas decrescentes (os mais elevados primeiro para cada região)...

Ville	Région	Chiffre d'affaires
Poitiers	Nouvelle-Aquitaine	423 968 €
Pau	Nouvelle-Aquitaine	393 801 €
La Rochelle	Nouvelle-Aquitaine	318 879 €
Bayonne	Nouvelle-Aquitaine	316 896 €
Limoges	Nouvelle-Aquitaine	238 745 €
Bordeaux	Nouvelle-Aquitaine	204 502 €
Perpignan	Occitanie	360 725 €
Montpellier	Occitanie	320 751 €
Toulouse	Occitanie	222 661 €
Béziers	Occitanie	204 416 €
Nice	PACA	463 202 €
Marseille	PACA	440 209 €
Toulon	PACA	401 464 €
Cannes	PACA	300 748 €
Aix-en-Provence	PACA	234 149 €
Avignon	PACA	189 053 €

- Aqui fica uma dica: não precisa necessariamente de passar pela janela de ordenação personalizada para ordenar com base em dois critérios, por exemplo: execute uma ordenação rápida no seu **segundo** critério, depois execute uma ordenação rápida no seu **primeiro** critério, e já está!

. Eis um exemplo Abaixo, para obter as melhores classificações de volume de negócios para cada região (*quadro da direita*), a partir do quadro inicial (*quadro da esquerda*), começamos por ordenar a coluna *Volume de Negócios,* com os melhores resultados em primeiro lugar; depois ordenamos a coluna *Região* de A a Z: o quadro está ordenado. A seguir, recordamos os critérios utilizados se quiser obter o mesmo resultado utilizando a janela de ordenação personalizada: desta vez, primeiro o critério por região de A a Z, depois o critério por volume de negócios, do maior para o menor.

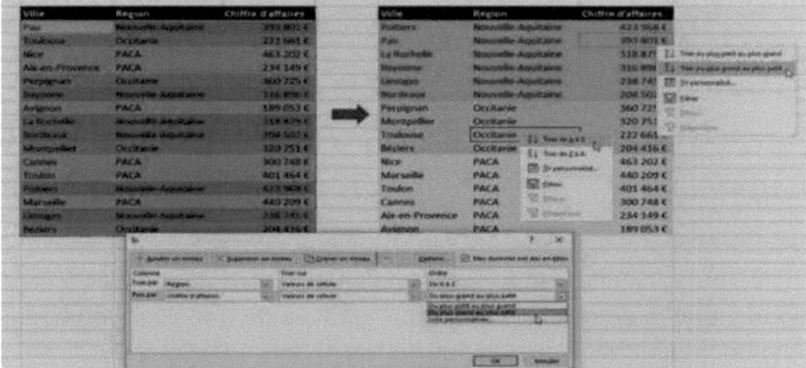

. Se a ordenação não der os resultados esperados, cancele-a (**Ctrl+Z** no PC ou **Cmd+Z** no Mac) e consulte as explicações nas outras secções, incluindo Converter uma coluna de texto em números, datas ou horas e Limpar dados antes de ordenar.

- **III.4.2.3.ORDENAR O TEXTO POR ORDEM ALFABÉTICA NO EXCEL**

Pretende ordenar a sua tabela de acordo com o conteúdo de uma coluna que contém texto ou palavras-chave? Se pretender ordenar por ordem alfabética ascendente ou descendente, utilize o método abaixo.

Se pretender ordenar etiquetas que não sejam relevantes para a ordenação por ordem alfabética (dias da semana, nomes de meses, uma lista personalizada, como canais de televisão: TF1, France 2, France 3, Canal+, Arte...), consulte as nossas explicações para a ordenação de acordo com uma lista personalizada.

- Clique **numa única célula** da sua coluna de texto, independentemente da célula. Por exemplo, clique numa célula da coluna *Cidade* para ordenar as comunas por ordem alfabética. No separador **Página inicial**, clique em **Ordenar e filtrar > Ordenar de A a Z** para obter uma ordem ascendente, ou em **Ordenar de Z a A** para obter uma ordem descendente.

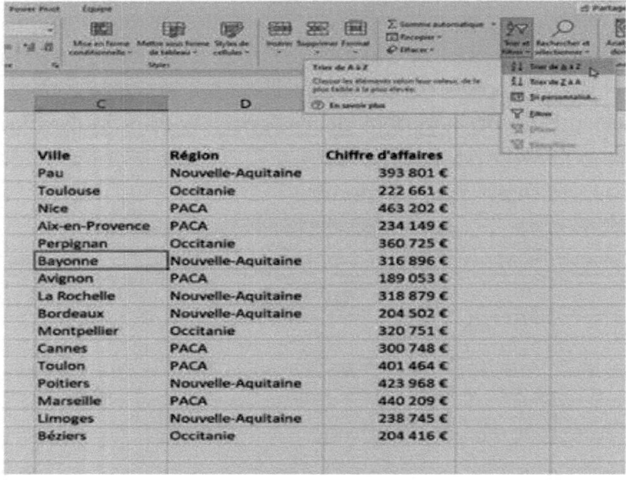

Ville	Région	Chiffre d'affaires
Pau	Nouvelle-Aquitaine	393 801 €
Toulouse	Occitanie	222 661 €
Nice	PACA	463 202 €
Aix-en-Provence	PACA	234 149 €
Perpignan	Occitanie	360 725 €
Bayonne	Nouvelle-Aquitaine	316 896 €
Avignon	PACA	189 053 €
La Rochelle	Nouvelle-Aquitaine	318 879 €
Bordeaux	Nouvelle-Aquitaine	204 502 €
Montpellier	Occitanie	320 751 €
Cannes	PACA	300 748 €
Toulon	PACA	401 464 €
Poitiers	Nouvelle-Aquitaine	423 968 €
Marseille	PACA	440 209 €
Limoges	Nouvelle-Aquitaine	238 745 €
Béziers	Occitanie	204 416 €

- Os outros métodos de ordenação descritos acima são igualmente válidos: através do separador **Dados**; através de um clique no botão direito do rato; através dos botões de filtro.

- Se pretender ordenar a tabela por dois ou mais critérios, consulte a nossa secção Ordenar uma tabela com várias colunas.
- Se a ordenação não funcionar corretamente numa tabela com apenas colunas de texto, o Excel pode não ter compreendido que a primeira linha continha cabeçalhos e não os dados a serem ordenados. Abaixo, quando a primeira tabela é ordenada nos nomes próprios, pode ver na segunda tabela que as etiquetas *Pessoa* e *Dia* estão, infelizmente, ordenadas como os outros dados. Mas se adicionar, por exemplo, um atributo **negrito** a estes títulos, como na terceira tabela, o Excel entende o seu estatuto de títulos e não os ordena. Outra solução para forçar os títulos das colunas a serem tidos em conta ou não é executar uma ordenação personalizada (multi-critérios em várias colunas), como vimos acima.

Personne	Jour
Hugo	Mardi
Emma	Vendredi
Julie	Jeudi
Léo	Mercredi

Emma	Vendredi
Hugo	Mardi
Julie	Jeudi
Léo	Mercredi
Personne	Jour

Personne	**Jour**
Emma	Vendredi
Hugo	Mardi
Julie	Jeudi
Léo	Mercredi

VIII.4.2.4. ORDENAR NÚMEROS NO EXCEL

É possível escolher entre o separador Página inicial, o separador Dados ou o menu de contexto que aparece quando se clica com o botão direito do rato numa célula...

- Selecione uma única célula, qualquer célula, na coluna de números que está a utilizar como critério de ordenação.
- No separador **Página inicial**, por exemplo, clique em **Ordenar e filtrar > Ordenar do menor para o maior** (ordem ascendente) ou **Ordenar e filtrar > Ordenar do maior para o menor** (ordem descendente).

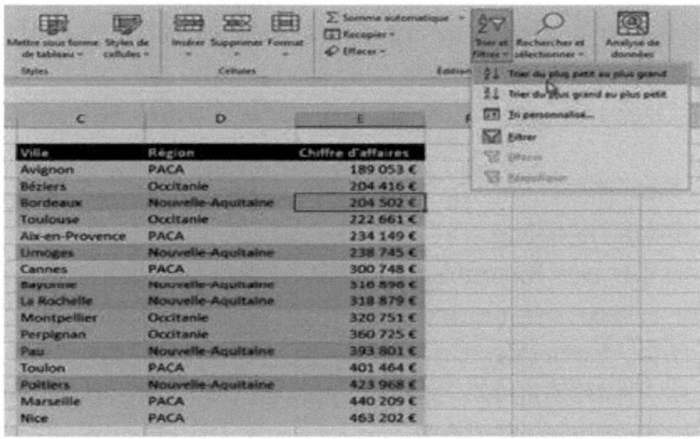

Ville	Région	Chiffre d'affaires
Avignon	PACA	189 053 €
Béziers	Occitanie	204 416 €
Bordeaux	Nouvelle-Aquitaine	204 502 €
Toulouse	Occitanie	222 661 €
Aix-en-Provence	PACA	234 149 €
Limoges	Nouvelle-Aquitaine	238 745 €
Cannes	PACA	300 748 €
Bayonne	Nouvelle-Aquitaine	316 896 €
La Rochelle	Nouvelle-Aquitaine	318 879 €
Montpellier	Occitanie	320 751 €
Perpignan	Occitanie	360 725 €
Pau	Nouvelle-Aquitaine	393 801 €
Toulon	PACA	401 464 €
Poitiers	Nouvelle-Aquitaine	423 968 €
Marseille	PACA	440 209 €
Nice	PACA	463 202 €

. Se a ordenação não produzir os resultados esperados, é provável que alguns dos dados numéricos estejam armazenados como texto.

VIII.4.2.5.ORDENAR DATAS NO EXCEL

Como deve saber, o Excel armazena datas sob a forma de números de série - números inteiros - para facilitar os cálculos e a ordenação. Como o dia 1 de janeiro de 1900 é a data mais antiga que a folha de cálculo pode tratar, esta data recebe o número de série 1. E 1st de janeiro de 2021, por exemplo, corresponde ao número de série 44197, ou seja, o número de dias desde 01/01/1900. Assim, não importa o formato de data que aplica a uma célula (1/1, 01/01, 01/01/2021, sexta-feira 1 de janeiro de 2021, etc.), o número de série é o fator decisivo. Se pretender ordenar por meses ou dias da semana, vá diretamente para a secção seguinte.

. Para ordenar uma tabela por uma coluna de datas, selecione qualquer uma das datas clicando na mesma.

• No separador **Dados**, por exemplo, clique no ícone **A a Z** para ordenar do mais antigo para o mais recente, ou no ícone **Z a A** para apresentar as datas mais recentes na parte superior da tabela.

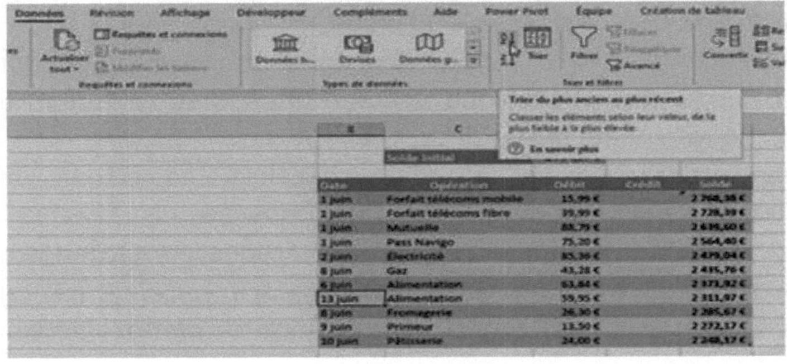

. Para ordenar a tabela, pode também aceder ao separador **Página inicial > Ordenar e filtrar > Ordenar do mais antigo para o mais recente** ou clicar com o botão direito do rato numa data da coluna e escolher **Ordenar > Ordenar do mais antigo para o mais recente**, por exemplo.

• Se a ordenação por data não produzir resultados consistentes, experimente os seguintes métodos...

. Comece por apresentar um formato de data completo, incluindo o ano, se ainda não for o caso: selecione a coluna da data, clique com o botão direito do rato, **Formato de célula >** Categoria de **data**, formato **14/03/12** ou ***14/03/2012**. Desta forma, será mais fácil verificar os dados ordenados e detetar eventuais erros nos anos introduzidos.

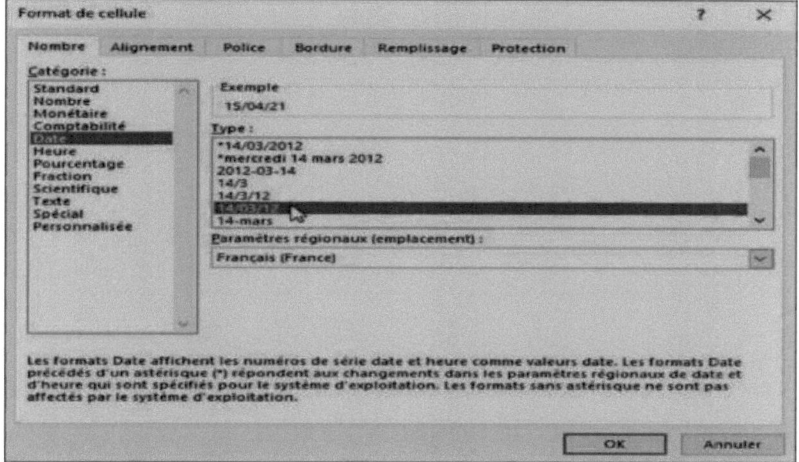

- Outra causa possível: algumas das datas da coluna podem ser interpretadas como texto e não como números de série.

Vale a pena saber: O Excel para Windows e as versões do Excel para Mac 2016 e 2011 tomam o dia 1 de janeiro de 1900 como ponto de partida. Em **Preferências/Opções** no Mac e PC, também pode mudar para o sistema de datas de 1904.

VIII.4.2.6. ORDENAR MESES OU DIAS DA SEMANA EM EXCEL

Se tiver escrito os nomes dos meses (janeiro, fevereiro, etc.) na sua coluna a ordenar, o Excel, como é texto, ordena esses meses por ordem alfabética: agosto, abril, dezembro, fevereiro, etc., o que obviamente não faz sentido. O que obviamente não faz sentido! Do mesmo modo, se o Excel ordenar os dias da semana por ordem alfabética, obtém Domingo, Quinta-feira, Segunda-feira, Terça-feira... Felizmente, a folha de cálculo oferece uma solução.

Aqui fica uma dica: não teria de utilizar estas listas personalizadas se a sua coluna contivesse datas completas (numéricas, números de série). Selecione a coluna da data, clique com o botão direito do rato e escolha **Formato da célula**, Categoria **personalizada**. No campo *Tipo*, escreva **mmmm** para apresentar apenas o nome do mês (*abril*) correspondente a esta data, ou **mmm** para apresentar apenas o nome do mês abreviado (*abril*), ou escreva **ddjj** para apresentar apenas o nome do dia correspondente a esta data (*Segunda, Terça...*) ou **ddj** para apresentar apenas o nome do dia abreviado (*Seg, Ter...*).

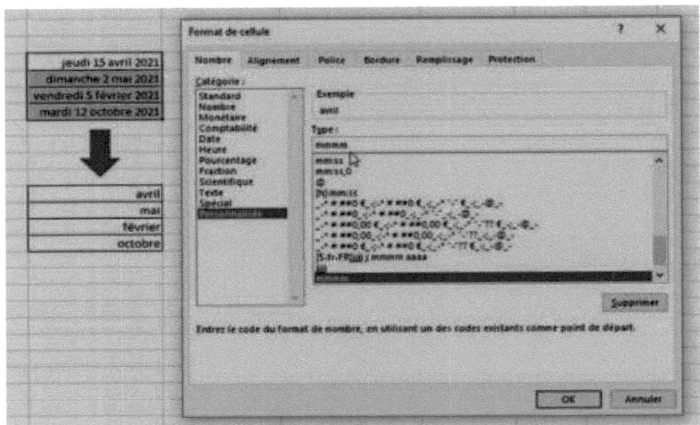

VIII.4.2.7. ORDENAÇÃO DE HORAS NO EXCEL

O Excel apresenta as horas como *05:28:37*, ou seja, 5 horas, 28 minutos e 37 segundos. Note que se escrever apenas *05:28* numa célula, inclui 5 horas e 28 minutos, não 5 minutos e 28 segundos. Neste caso, deve escrever *0:5:28* ou *00:05:28.* Eis como ordenar rapidamente as horas do dia (das 00:00:00 às 23:59:59) ou mesmo durações superiores a 24 horas.

. Para ordenar uma tabela numa coluna que contenha horas ou durações, selecione uma das horas da coluna, em qualquer célula, clicando na mesma.

- No separador **Dados**, por exemplo, clique no ícone de **A a Z** para ordenar do valor mais pequeno para o maior, ou no ícone de **Z a A** para ver as horas ou durações mais importantes na parte superior da tabela.

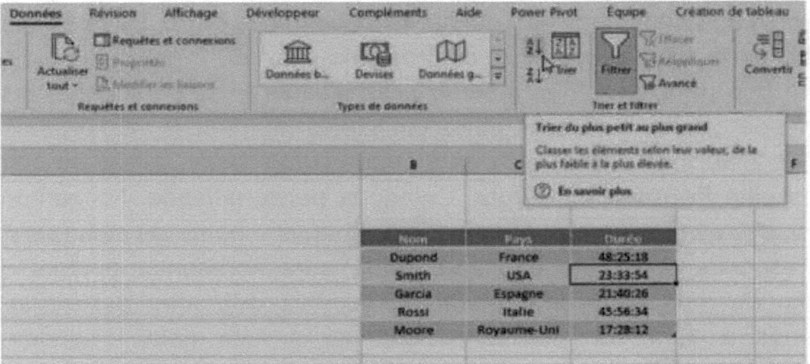

. Para ordenar a tabela, também pode aceder ao separador **Página inicial > Ordenar e filtrar > Ordenar do menor para o maior**, ou clicar com o botão direito do rato numa data da coluna e escolher **Ordenar > Ordenar do menor para o maior**, por exemplo.
. Eis a nossa tabela ordenada por duração e por ordem crescente.

Nom	Pays	Durée
Moore	Royaume-Uni	17:28:12
Garcia	Espagne	21:40:26
Smith	USA	23:33:54
Rossi	Italie	45:56:34
Dupond	France	48:25:18

. A ordenação não funciona da forma pretendida? Na realidade, para facilitar os cálculos e a ordenação, o Excel armazena as horas sob a forma de um número com um ponto decimal. Este ponto decimal varia de 0 a 1 para tempos inferiores a 24 horas, sendo que 0 corresponde a 00:00:00 e 0,99998843 a 23:59:59.
. Para tempos superiores a 24 horas, adiciona um número *n* antes da vírgula decimal correspondente a *n* vezes 24 horas, por exemplo 2.10135416666667 para 50:25:57, pelo que o 2 corresponde a 2x24=48 horas e 0.10135416666667 a 02:25:57. Mas se aplicar um formato de apresentação de *Hora* Simples a uma célula que contenha 50:25:57, o Excel apresentará 02:25:57! A ordenação funcionará corretamente, mas a visualização induzir-lhe-á em erro.
. Assim, se a sua coluna de horários for suscetível de conter durações superiores a 24 horas, certifique-se de que aplica o formato de duração especial aqui: selecione o intervalo de células que contém os horários, clique com o botão direito do rato, escolha **Formato de célula**, clique na categoria **Personalizado** na coluna da esquerda e escreva **[hh]:mm:ss;@** na caixa de introdução *Tipo* e, em seguida, prima **OK.**

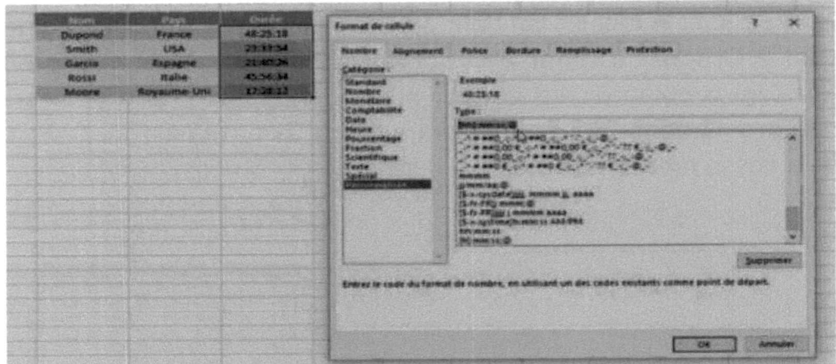

- Um pouco mais simples: também pode escolher a categoria **Hora** e clicar em **37:30:55**, que corresponde a um formato de visualização personalizado **[h]:mm:ss;@**

Exemplo: 05:30:27 será apresentado como *5:30:27*, mas se preferir uma apresentação de dois dígitos com o zero à esquerda (ou seja, 05 em vez de 5), selecione este formato na categoria **Hora** e, em seguida, clique na categoria **Personalizar** e adicione um **h** entre os parênteses rectos: **[hh]:mm:ss;@.**

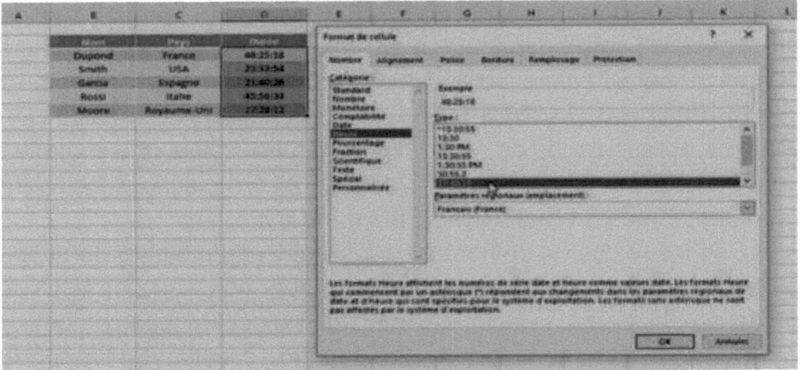

VIII.4.2.8. ORDENAR POR COR DE CÉLULA NO EXCEL

Se aplicou cores específicas às células da sua tabela, ou se pediu ao Excel para aplicar cores aos seus dados utilizando a formatação condicional, a folha de cálculo também permite a ordenação por cor da célula ou do tipo de letra. Não existe uma ordem de ordenação predefinida por célula ou cor do tipo de letra, pelo que terá de ser o utilizador a definir a ordem de ordenação, criando um critério por cor.

- Selecione qualquer célula da tabela cujos elementos tenha colorido.

. No separador **Dados**, por exemplo, clique no botão **Ordenar** para apresentar a janela de ordenação personalizada.

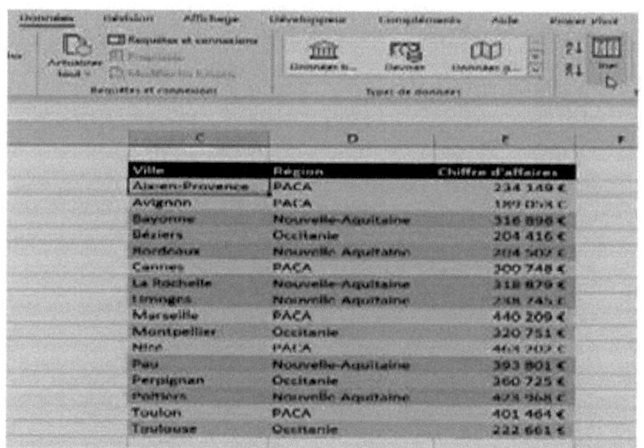

. Na janela *Ordenar*, selecione um título de coluna da lista *Ordenar por*. Deve utilizar sempre o mesmo cabeçalho (neste caso, *Cidade*) para estes critérios de ordenação por cores.

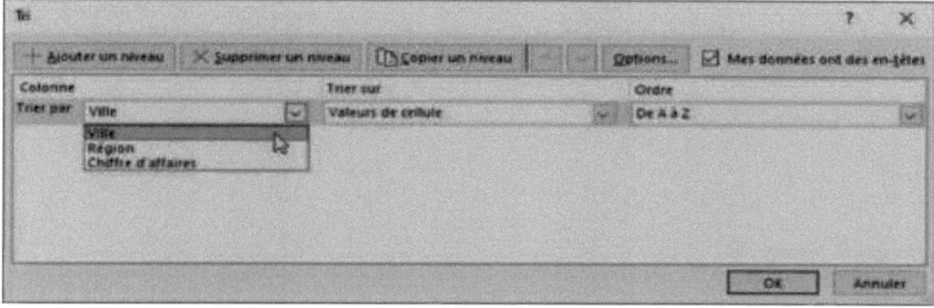

. Na lista *Ordenar por,* selecione **Cor da célula** ou **Cor. fontes**, dependendo dos formatos que aplicou aos seus dados.

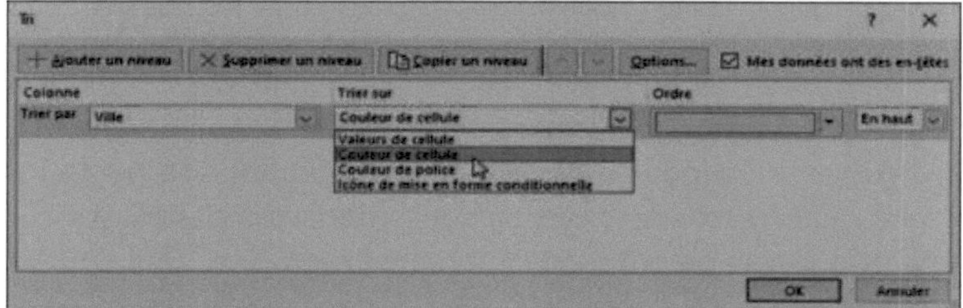

. Na lista *Ordenar*, o Excel mostra-lhe as cores que detectou na coluna selecionada. Clique na cor que pretende que apareça em primeiro lugar após a ordenação e deixe a opção **Topo** na lista ao lado da mesma.

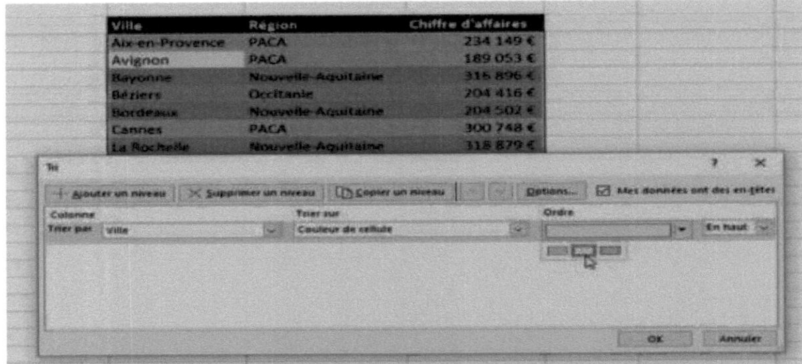

- Adicione tantos níveis quantos precisar, sempre no mesmo cabeçalho (aqui *Cidade*). No exemplo de três cores abaixo, o nosso terceiro nível de ordenação é, de facto, supérfluo, uma vez que as outras duas cores aparecerão primeiro. A ilustração mostra a tabela ordenada.

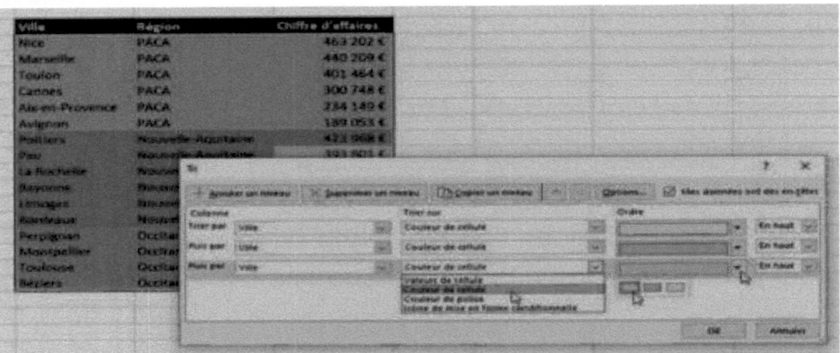

- Clicar com o botão direito do rato numa célula colorida da tabela e escolher **Ordenar > Colocar a cor da célula selecionada no topo**. Ao fazer isto várias vezes seguidas, pode ordenar os dados por cor sem passar pela janela de ordenação personalizada.

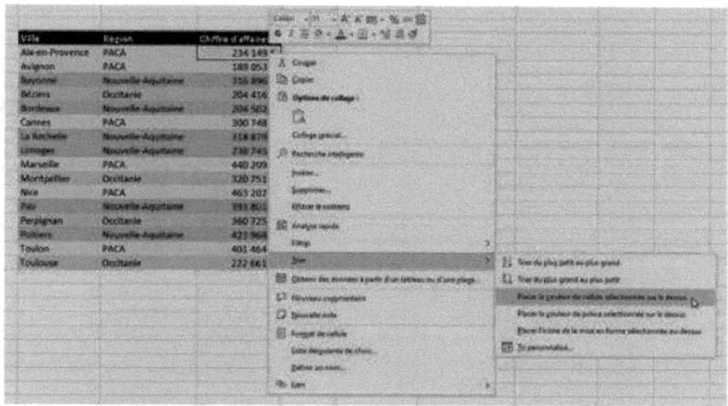

- Se transformou o seu intervalo de dados numa tabela Excel através do separador **Página inicial >** Separador **> Definir como tabela**, a folha de cálculo gere a apresentação alternada de linhas claras e escuras por si. Não achamos que seja uma boa ideia ordenar os dados pedindo que **a cor da célula selecionada seja colocada no topo...** Mas tentámos e é possível.

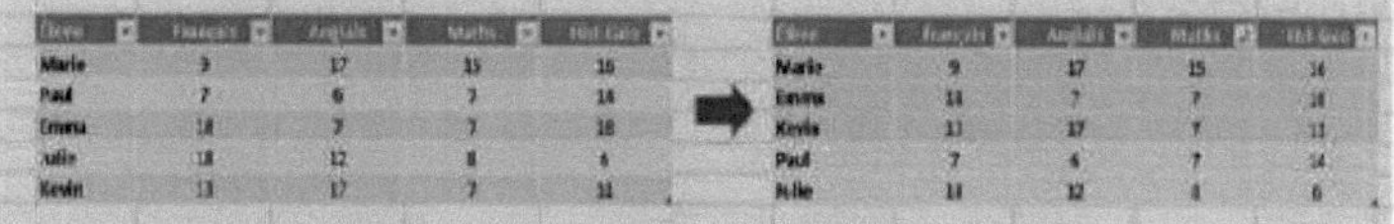

VIII.4.2.9.ORDENAR POR ÍCONE NO EXCEL

Se tiver aplicado um conjunto de ícones à sua tabela de dados utilizando a Formatação Condicional do Excel, eis como ordenar os dados de acordo com os ícones.

- Abra a janela de ordenação personalizada, por exemplo, através do separador **Dados >** secção **Ordenar e filtrar > Ordenar**.
- Primeiro, selecione a *coluna de* ícones relevante, escolha **Ícone de formatação condicional** na lista *Ordenar por e*, em seguida, selecione o ícone que pretende que apareça em primeiro lugar na lista **Ordenar**. Adicione tantos níveis quantos os necessários.

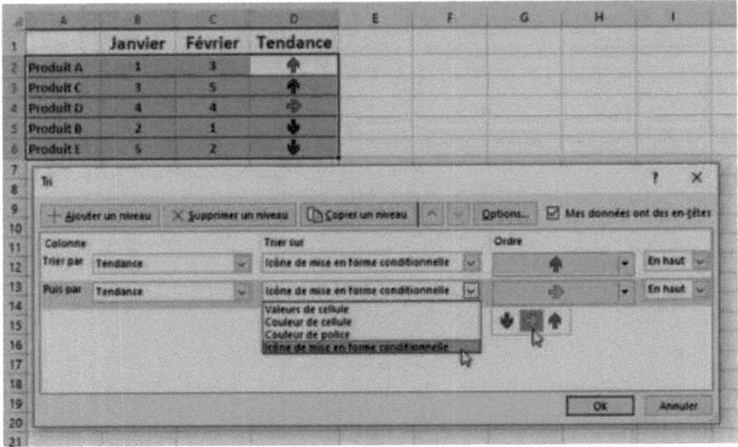

. Outro método: na sua tabela, clique com o botão direito do rato num dos ícones de formatação condicional que deve aparecer em primeiro lugar e escolha **Ordenar > Colocar o ícone de formatação selecionado no topo**.

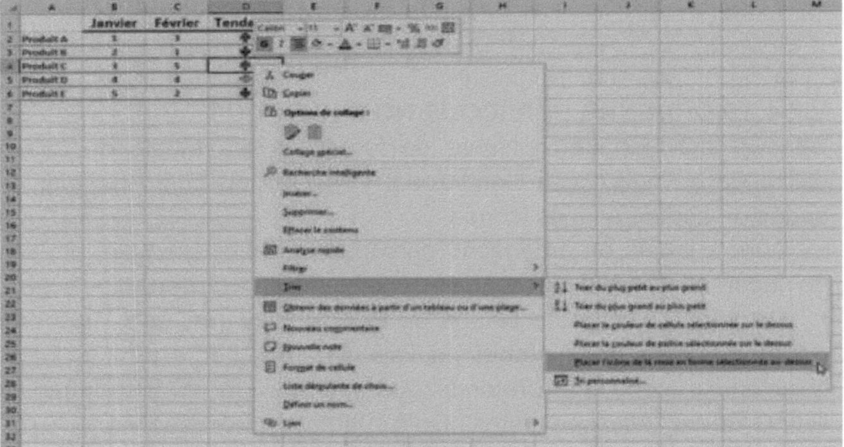

- **III.4.2.10.ORDENAR COM UMA LISTA PERSONALIZADA NO EXCEL**

A versão francesa do Excel fornece-lhe duas listas predefinidas personalizadas, os nomes dos dias da semana (segunda-feira, terça-feira...) e os nomes dos meses do ano em francês (janeiro, fevereiro...). Verá aqui como utilizá-las numa ordenação. Também verá como criar outras listas com as suas próprias etiquetas, que podem ser utilizadas na ordenação.

A criação de uma lista personalizada tem duas funções. Em primeiro lugar, definir uma série de etiquetas numa ordem específica para ordenação, quando não é adequado ordenar os dados por ordem alfabética.

A segunda vantagem é que não tem de escrever cada nome da lista nas células depois de ter pedido ao Excel para se lembrar desta lista personalizada. Por exemplo, escreva *janeiro* numa célula, agarre a pequena pega no canto inferior direito da célula... Arraste esta pega para baixo ou para a direita... O Excel preenche automaticamente o intervalo com os outros elementos armazenados na lista personalizada, e na ordem correta, por favor! Esta lista personalizada pode muito bem ser uma lista de lojas ou de categorias de produtos se trabalhar na distribuição, por exemplo.

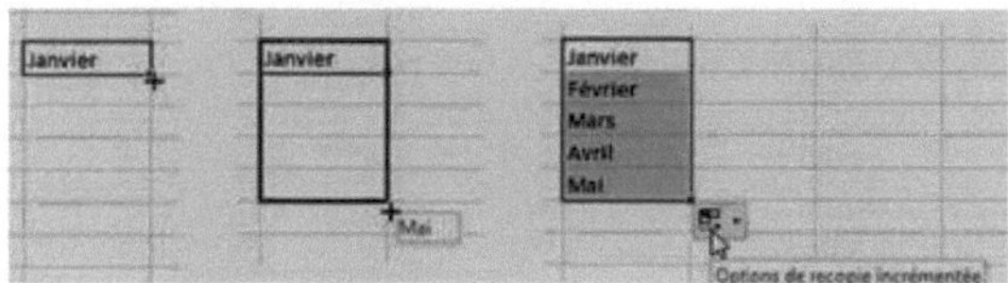

- > Pode criar uma lista personalizada num PC através do separador **Ficheiro > Opções > Opções Avançadas** (na coluna da esquerda) na secção **Geral >** botão **Modificar listas personalizadas**, ou num Mac através do menu **Excel > Preferências > Listas personalizadas**. (Tanto no Mac como no PC, também é possível criar uma lista personalizada diretamente através da janela de ordenação personalizada, como veremos mais à frente).

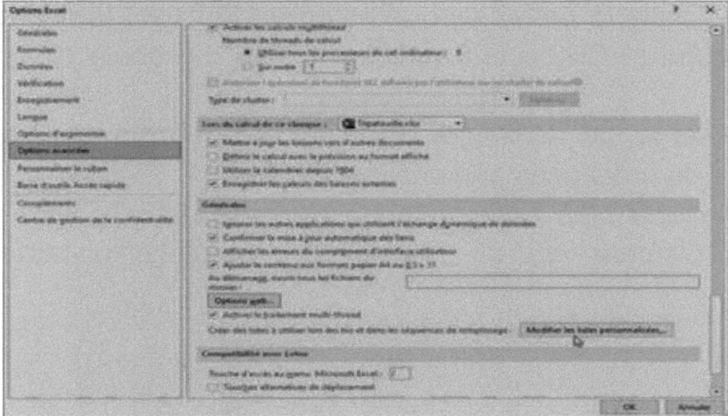

- Se a sua lista já estiver introduzida numa folha de cálculo, selecione o intervalo de células e prima o botão **Importar**.

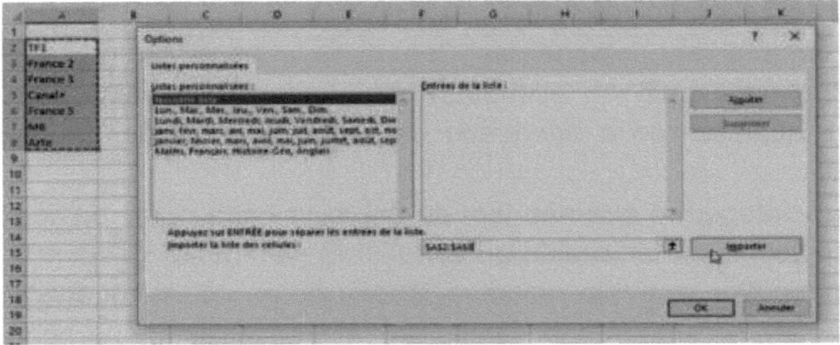

• Em alternativa, se se tratar de uma lista pequena, pode escrevê-la diretamente no painel *Entradas da lista*. Escreva o primeiro item, prima **Enter**, escreva o segundo item, prima **Enter** e assim por diante. Escreva-os pela ordem que fizer sentido para si. **Prima OK** para terminar. Abaixo, criamos uma lista personalizada correspondente aos níveis de urgência: Crítico, Normal, Baixo.

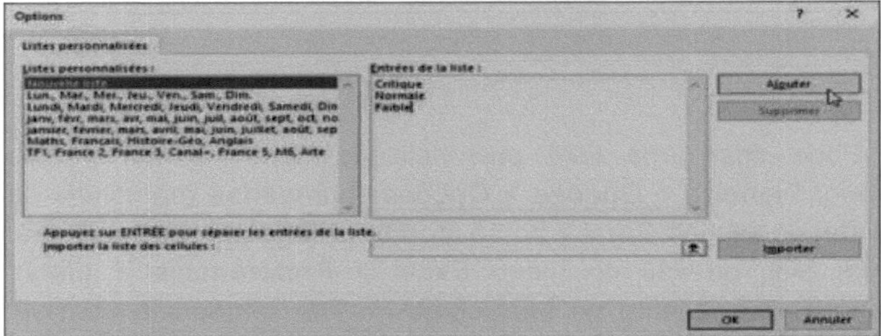

. Para ordenar um intervalo de dados de acordo com os valores de uma lista personalizada, é preferível que esta lista já exista (embora não seja um requisito). Clique em qualquer célula da tabela a ser ordenada.

. No separador **Dados**, por exemplo, clique no botão **Ordenar** para visualizar a janela de ordenação personalizada.

• Selecione a *coluna* pela qual pretende ordenar, deixe **o valor Célula** na lista *Ordenar por* e, na lista *Ordem*, escolha **Lista personalizada...**

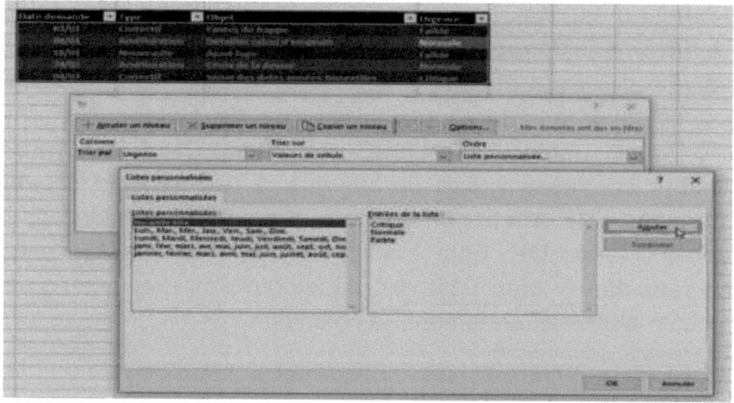

- Se a sua lista personalizada já existir, selecione-a no painel do lado esquerdo. Caso contrário, no painel *Entradas da lista*, introduza os itens pela ordem que lhe parecer mais adequada. Prima o botão **Adicionar** e **OK** para terminar. Note que aqui não é permitido importar uma lista a partir de um intervalo de células, embora isso seja possível nas opções.

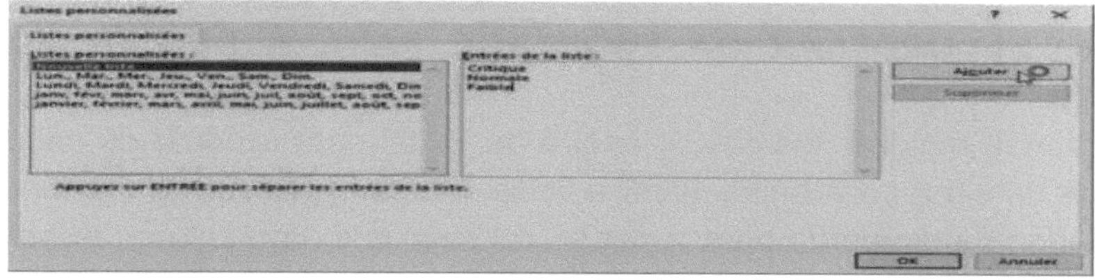

- Pode, evidentemente, acrescentar outros critérios de ordenação e combiná-los: em baixo, primeiro o nível de urgência, depois a data do pedido.

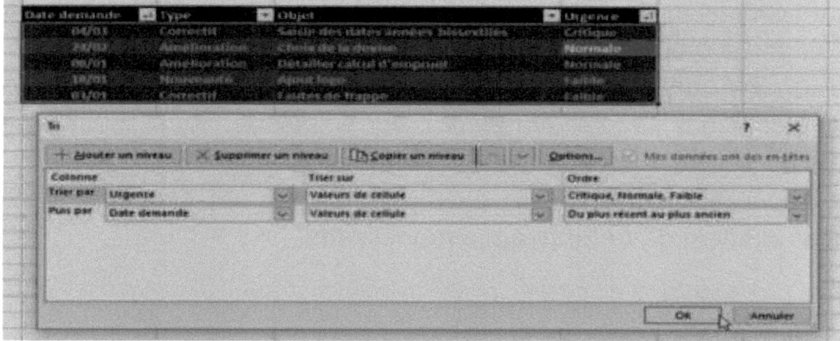

- Gostaria de ordenar por mês ou por dia da semana? Clique numa célula da tabela e escolha, por exemplo: separador **Página inicial > Ordenar e filtrar > Ordenação personalizada**.

- Selecione o nome da coluna que contém os meses (ou dias da semana) e continue a ordenar pelos **valores de Célula**. Na lista pendente *Ordem*, selecione **Lista personalizada**. As listas personalizadas de meses e dias da semana já são fornecidas pelo Excel, ordenadas pela ordem correta, pelo que só tem de selecionar uma e premir o botão **OK**. Esta é a ordem que será utilizada para ordenar os seus dados. Mais uma vez, pode combinar este critério de ordenação com outros critérios noutras colunas.

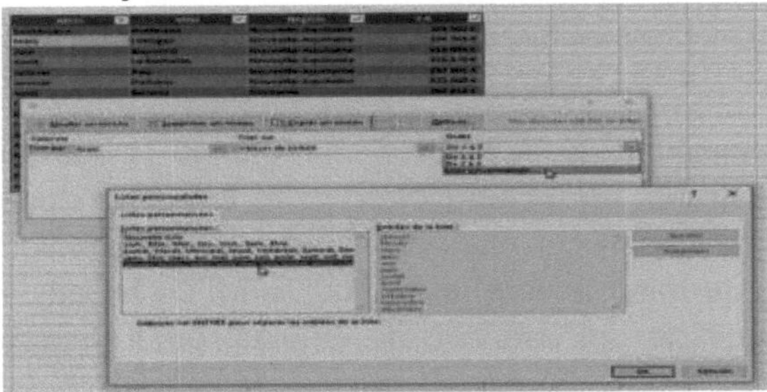

VIII.4.2.11. ORDENAR DA ESQUERDA PARA A DIREITA NO EXCEL

Na grande maioria dos casos, pedirá ao Excel para ordenar os seus dados de cima para baixo, linha a linha. Mas se precisar de ordenar os dados da esquerda para a direita, ou seja, coluna a coluna, existe uma pequena opção a assinalar.

Esta ordenação não é possível se tiver convertido o seu intervalo de dados numa tabela utilizando o separador **Página inicial > Definir como tabela**. Primeiro, é necessário cancelar a tabela: clique numa célula da tabela e, no separador **Criar tabela** (ou separador **Tabela** no Mac), prima o botão **Converter em intervalo**.

- Clique em qualquer célula do intervalo de células a ordenar (o Excel selecionará todo o intervalo) ou selecione você mesmo o intervalo de células em causa, como fazemos abaixo.
- No separador **Dados** (por exemplo), clique em **Ordenar** para visualizar a janela de ordenação personalizada.

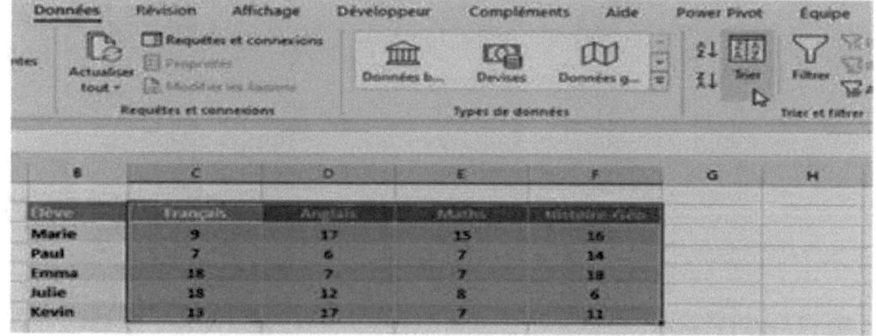

. Na janela *Ordenar*, prima o botão **Opções**. Na pequena janela *Opções de ordenação*, assinale a opção **Da esquerda para a direita** e prima **OK**. Se esta opção não estiver disponível, os seus dados foram convertidos numa tabela Excel.

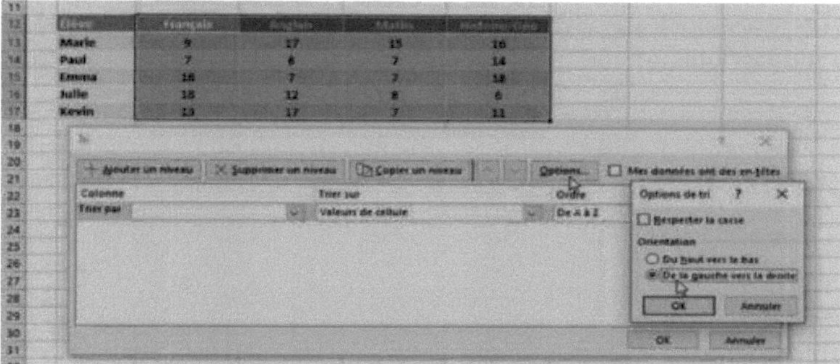

. Na lista pendente *Linha*, selecione o número da linha que contém as etiquetas nas quais pretende ordenar os dados; no nosso caso, queremos ordenar os assuntos por ordem alfabética, portanto, a linha *12*. Vamos manter as opções **Valores da Célula** e **A a Z** fornecidas pelo Excel, mas também podemos ordenar numa lista personalizada.

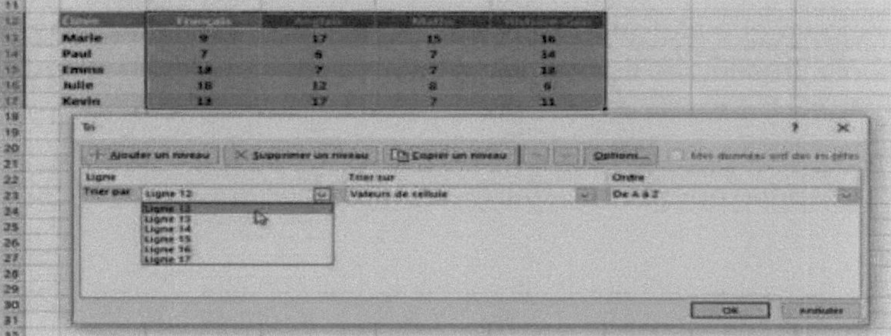

. Eis o quadro ordenado alfabeticamente por disciplina. Não tínhamos selecionado a coluna *dos alunos*, pelo que não foi alterada após a ordenação e cada aluno mantém as suas notas.

Élève	Anglais	Français	Histoire-Géo	Maths
Marie	17	9	16	15
Paul	6	7	14	7
Emma	7	18	18	7
Julie	12	18	6	8
Kevin	17	13	11	7

VIII.4.2.12. ORDENAR PARCIALMENTE DADOS NUMA TABELA EXCEL

Tenha cuidado: muitas vezes é perigoso ordenar apenas certas partes de um conjunto de dados. No exemplo abaixo, se ordenar a seleção, a Ema acabará com as notas da Maria, a Maria com as do Paulo e o Paulo com as da Ema! Mas, nalguns casos, a ordenação parcial pode ser útil...

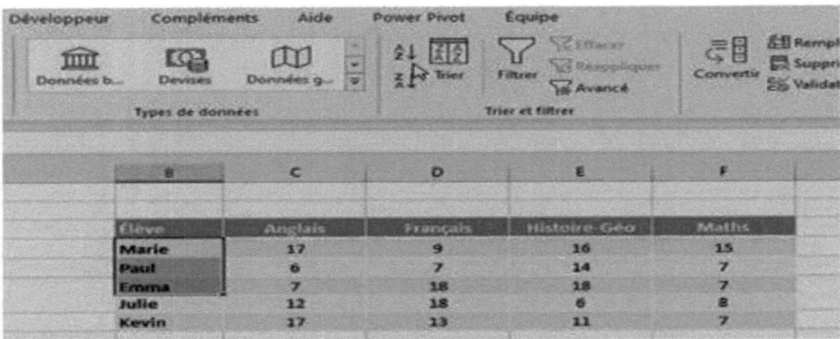

Élève	Anglais	Français	Histoire-Géo	Maths
Marie	17	9	16	15
Paul	6	7	14	7
Emma	7	18	18	7
Julie	12	18	6	8
Kevin	17	13	11	7

Selecione o intervalo de células que pretende ordenar antes de iniciar a ordenação, por exemplo, através do separador **Dados > Ordenar de A a Z**.

. Se o Excel detetar que as células selecionadas fazem parte de um todo maior e que pode ser uma boa ideia selecionar tudo, exibe um alerta e sugere que **alargue a seleção**. Note que, em muitos casos, o Excel não apresentará esta janela para alargar a seleção quando deveria. Assim, quando iniciar uma ordenação, selecione uma única célula ou todo o seu intervalo de dados, mas não qualquer seleção de células, pensando que o Excel o alertará sistematicamente.

- Note que numa tabela do Excel criada através do separador **Página inicial > Definir como tabela**, não é possível efetuar uma ordenação parcial em parte dos dados: o Excel ordena toda a tabela mesmo que selecione apenas parte dos dados antes de iniciar a ordenação.
- Se achar útil, selecione o intervalo de células e execute uma ordenação rápida (na primeira coluna) utilizando os ícones **De A a Z** ou **De Z a A**, ou utilize o ícone **Ordenar** no separador **Dados** para definir a sua própria ordenação personalizada.

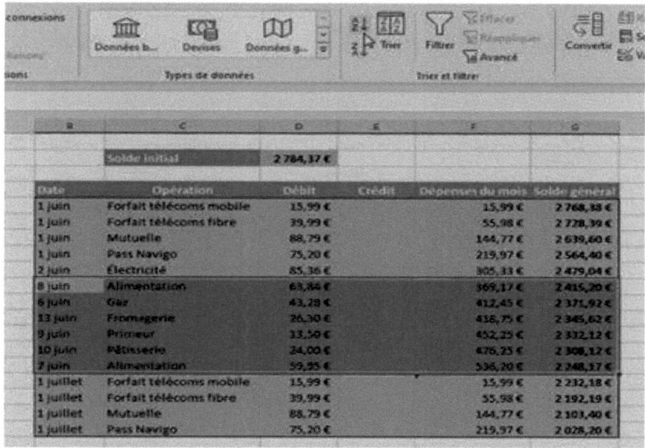

- **III.4.2.13. ORDENAR DADOS DINAMICAMENTE NO EXCEL**

Cada vez que a tabela é modificada ou complementada por novas linhas, normalmente é necessário executar novamente uma ordenação para garantir que os dados permanecem corretamente ordenados. A menos que peça ao Excel para ordenar esta fonte de dados dinamicamente! Vamos limitar-nos aqui aos métodos de ordenação dinâmica oferecidos pelas versões recentes do Excel, que incluem duas funções, **SORT** e **SORTBY**. Uma dica: é melhor escrever sempre os nomes das funções em minúsculas; quando pressiona a tecla Enter, o Excel escreve-os em maiúsculas, pelo menos se não tiver cometido nenhum erro de digitação.

. Para ordenar dinamicamente com base num único critério, utilize a função **SORT**. = Numa célula vazia de uma folha de cálculo, comece por escrever ***sort(*** incluindo o parêntese de abertura e, em seguida, clique no ícone **fx** na barra de fórmulas.

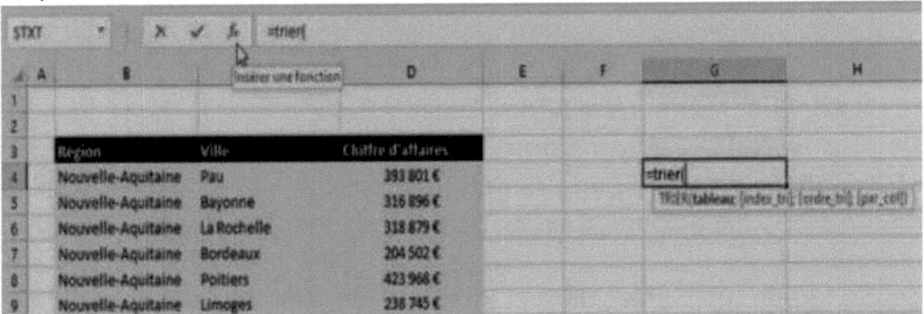

. Na janela *Argumentos de função* que se abre, indique na área *Tabela* o intervalo de células que contém os seus dados, mas sem a linha de cabeçalho. Não é necessário escrever a referência no teclado: selecione o intervalo utilizando o rato ou o teclado, mesmo que esteja noutra folha do seu ficheiro Excel.

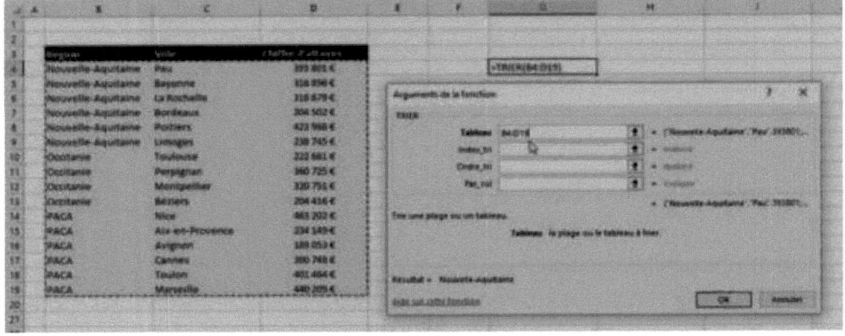

. No campo *Sort_Index,* introduza o número da coluna que contém o critério de ordenação. No nosso exemplo, é a terceira coluna, *Vendas*, que queremos ordenar, por isso escrevemos **3**.

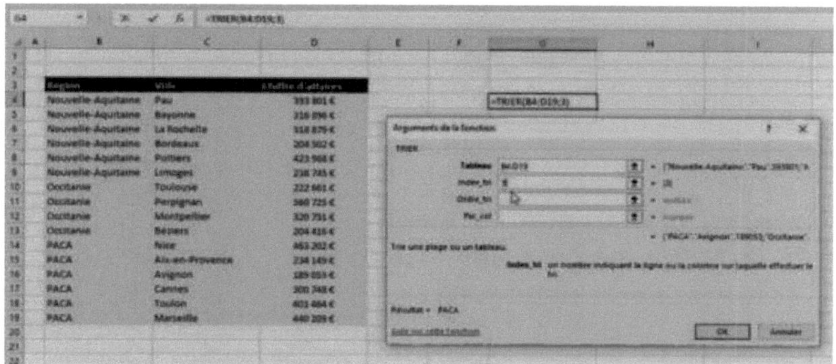

• Os dois últimos argumentos são opcionais, pode deixá-los em branco se aceitar os valores predefinidos do Excel, a folha de cálculo preenchê-los-á por si. No campo *Sort_order*, introduza **1** (o valor predefinido) para uma ordenação ascendente (de A a Z para texto, ou os valores numéricos mais pequenos primeiro), e **-1** para uma ordenação descendente (os valores maiores primeiro).

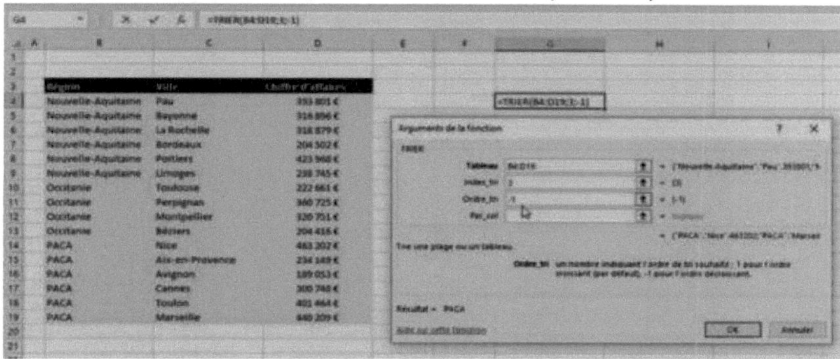

• Deixe o campo *Par_col* em branco para aceitar o seu valor predefinido. Ou introduza **false** (valor predefinido) para uma ordenação clássica por linha e **true** para uma ordenação por coluna (da esquerda para a direita). O Excel converterá VERDADEIRO/FALSO em maiúsculas se não tiver cometido nenhum erro de digitação.

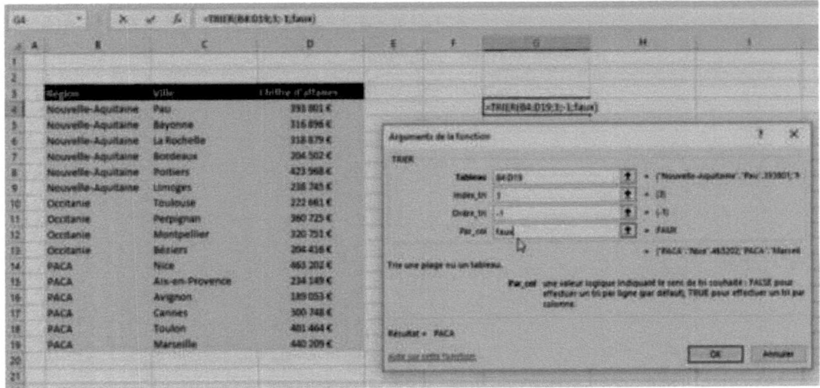

- Aqui, à direita, está a tabela de resultados copiada pelo Excel e ordenada por valores de vendas decrescentes. Qualquer alteração à tabela original accionará uma nova ordenação. Tudo o que tem de fazer é adicionar a linha de cabeçalho e aplicar a formatação. O Excel mostra-lhe a mesma fórmula em todas as células ocupadas, mas apenas a fórmula no canto superior esquerdo do intervalo pode ser modificada.

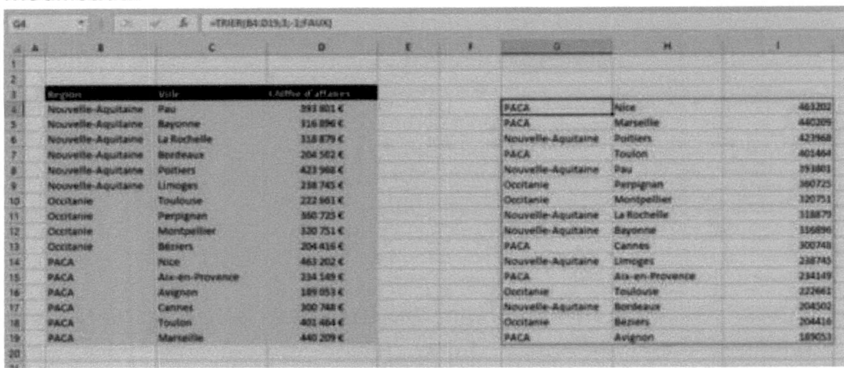

- Digite a sua fórmula numa parte da folha com linhas e colunas vazias suficientes à sua volta. Caso contrário, o Excel devolverá uma mensagem de erro *#EPARS!* se o intervalo de células para o qual pretende "propagar" os dados não estiver vazio.

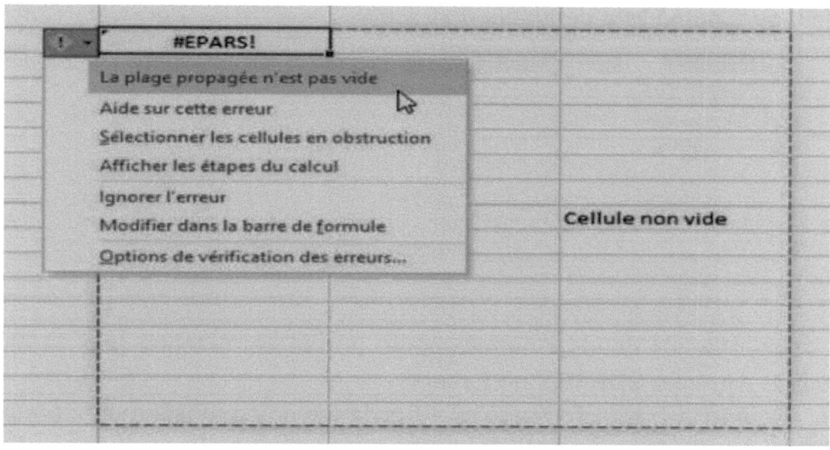

• Também pode utilizar a função **FILTER** para selecionar apenas determinadas colunas da tabela inicial e/ou manter apenas determinados valores-chave. Abaixo, guardamos e ordenamos apenas as cidades e as suas vendas, desde que este resultado seja superior a 400 000 euros.

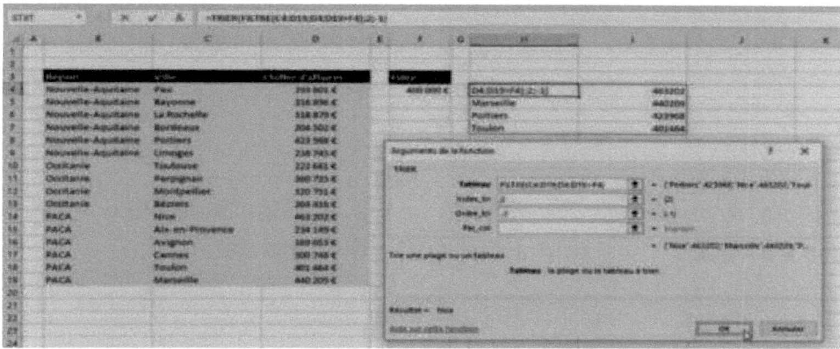

. Aqui está o resultado com um lembrete da nossa fórmula...

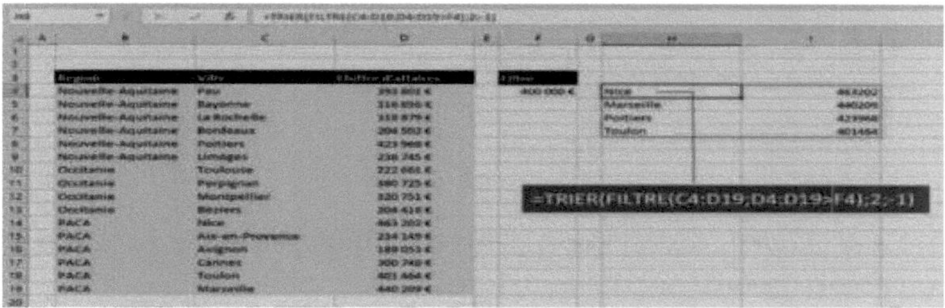

- Consulte este outro guia prático para selecionar o critério de filtragem numa lista pendente do Excel.

Filtre	Ville	Chiffre d'affaires
300 000 €	Nice	463202
200000	Marseille	440209
300000	Poitiers	423968
400000	Toulon	401464
	Pau	393801
	Perpignan	360725
	Montpellier	320751
	La Rochelle	318879
	Bayonne	316896
	Cannes	300748

. Para ordenar dados dinamicamente por vários critérios (até 126!), utilize a função **SORTBY** do Excel.

- Se não tiver transformado os seus dados numa tabela, numa parte vazia da sua folha de cálculo, escreva **=sortby(** e clique no ícone **fx** na barra de fórmulas.

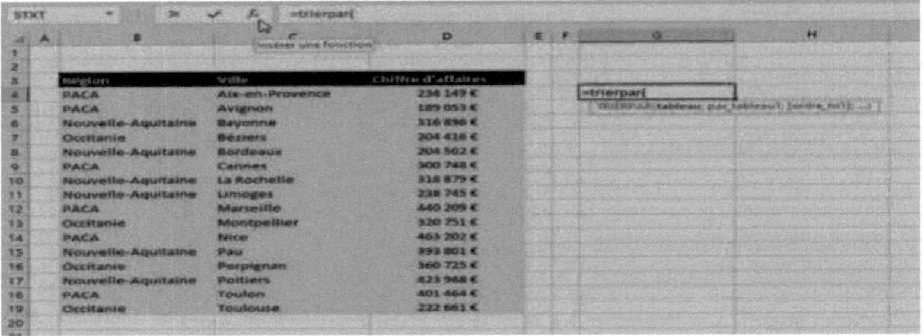

. Na janela *Argumentos de função*, zona *Tabela*, selecione todo o intervalo de dados, mas sem a respectiva linha de cabeçalho.

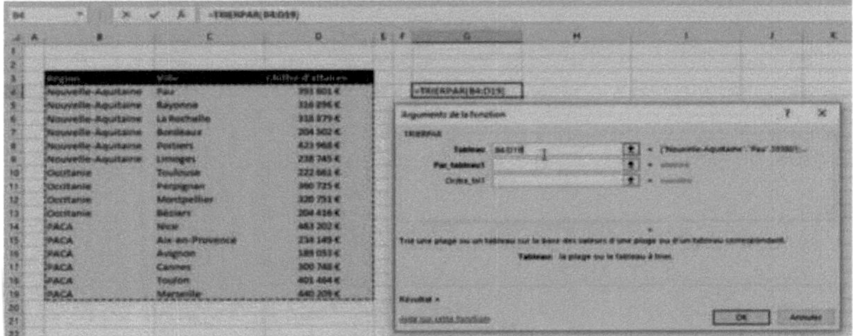

. Na área *Par_table1*, selecione a coluna na qual pretende executar o primeiro critério de ordenação, sem o respetivo cabeçalho.

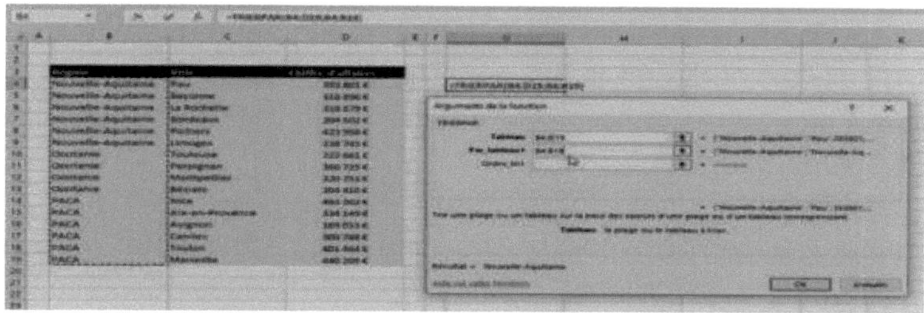

• Deixar o campo *Ordem_de_ordem1* em branco, ou introduzir **1** se a ordenação for por ordem crescente (esta é a ordem de ordenação por defeito), ou introduzir **-1** se a coluna for ordenada por ordem decrescente. Preencher os campos *Par_table2, Ordre_tri2*, etc. da mesma forma e, em seguida, premir **OK**. Todos os argumentos devem ter o mesmo tamanho, ou seja, o mesmo número de células.

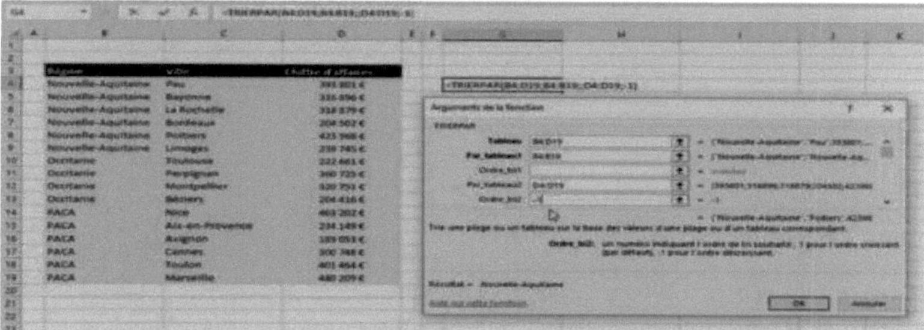

. Aqui está um exemplo de como ordenamos os nossos dados, por ordem alfabética

por região e por vendas em declínio.

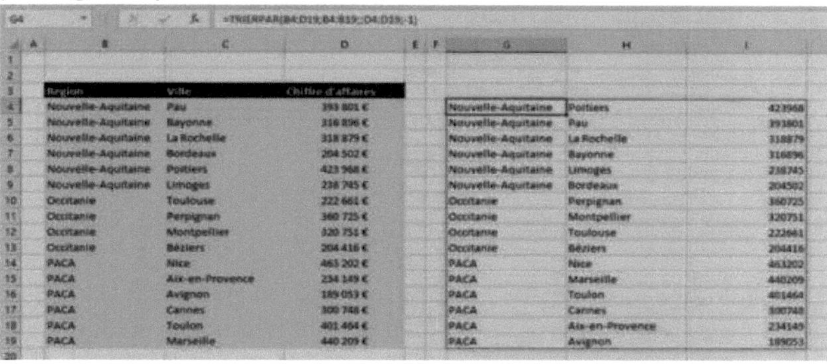

Region	Ville	Chiffre d'affaires
Nouvelle-Aquitaine	Pau	393 801 €
Nouvelle-Aquitaine	Bayonne	316 896 €
Nouvelle-Aquitaine	La Rochelle	318 879 €
Nouvelle-Aquitaine	Bordeaux	204 502 €
Nouvelle-Aquitaine	Poitiers	423 968 €
Nouvelle-Aquitaine	Limoges	238 745 €
Occitanie	Toulouse	222 661 €
Occitanie	Perpignan	360 725 €
Occitanie	Montpellier	320 751 €
Occitanie	Béziers	204 416 €
PACA	Nice	463 202 €
PACA	Aix-en-Provence	234 149 €
PACA	Avignon	189 053 €
PACA	Cannes	300 748 €
PACA	Toulon	401 464 €
PACA	Marseille	440 209 €

Nouvelle-Aquitaine	Poitiers	423968
Nouvelle-Aquitaine	Pau	393801
Nouvelle-Aquitaine	La Rochelle	318879
Nouvelle-Aquitaine	Bayonne	316896
Nouvelle-Aquitaine	Limoges	238745
Nouvelle-Aquitaine	Bordeaux	204502
Occitanie	Perpignan	360725
Occitanie	Montpellier	320751
Occitanie	Toulouse	222661
Occitanie	Béziers	204416
PACA	Nice	463202
PACA	Marseille	440209
PACA	Toulon	401464
PACA	Cannes	300748
PACA	Aix-en-Provence	234149
PACA	Avignon	189053

• Se tiver transformado o seu intervalo de dados numa tabela do Excel utilizando o separador **Página inicial > Definir como tabela**, a sintaxe é ligeiramente diferente. O primeiro argumento da função **TRIERPAR** será o nome da sua tabela, os argumentos *Par_tabela1, Par_tabela2*, etc., serão o nome de um cabeçalho na sua tabela no formato NomDuTablo[NomEn-tete].

. Eis um exemplo com uma tabela a que chamámos *TabRegVilCA*. Para ordenar as regiões por ordem alfabética crescente e, em seguida, ordenar os valores das vendas por ordem decrescente, a fórmula é :

=TRIERPAR(TabRegVilCA;TabRegVilCA[Região];1;TabRegVilCA[Vendas];-1)

- Escreva esta fórmula na célula superior esquerda e o Excel preencherá o resto da tabela!

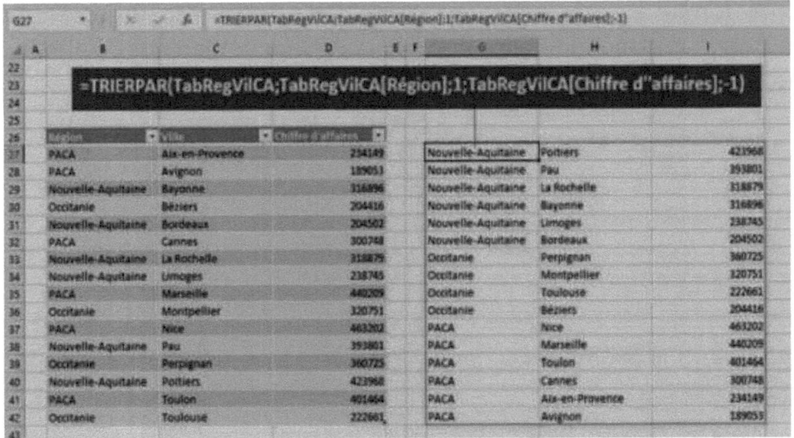

Région	Ville	Chiffre d'affaires
PACA	Aix-en-Provence	234149
PACA	Avignon	189053
Nouvelle-Aquitaine	Bayonne	316896
Occitanie	Béziers	204416
Nouvelle-Aquitaine	Bordeaux	204502
PACA	Cannes	300748
Nouvelle-Aquitaine	La Rochelle	318879
Nouvelle-Aquitaine	Limoges	238745
PACA	Marseille	440209
Occitanie	Montpellier	320751
PACA	Nice	463202
Nouvelle-Aquitaine	Pau	393801
Occitanie	Perpignan	360725
Nouvelle-Aquitaine	Poitiers	423968
PACA	Toulon	401464
Occitanie	Toulouse	222661

Nouvelle-Aquitaine	Poitiers	423968
Nouvelle-Aquitaine	Pau	393801
Nouvelle-Aquitaine	La Rochelle	318879
Nouvelle-Aquitaine	Bayonne	316896
Nouvelle-Aquitaine	Limoges	238745
Nouvelle-Aquitaine	Bordeaux	204502
Occitanie	Perpignan	360725
Occitanie	Montpellier	320751
Occitanie	Toulouse	222661
Occitanie	Béziers	204416
PACA	Nice	463202
PACA	Marseille	440209
PACA	Toulon	401464
PACA	Cannes	300748
PACA	Aix-en-Provence	234149
PACA	Avignon	189053

- Note que as funções **SORT** e **SORTPAR** aceitam argumentos diferentes para os critérios de ordenação: **SORT** pede um número de coluna no intervalo de dados, **SORTPAR** pede um intervalo de células ou um nome de cabeçalho de tabela do Excel.

BIBLIOGRAFIA

As obras

- Curriculum National des Humanites Techniques Commercials, 2016 ;
- Guillaume PLOUIN, *Cloud computing. Securite, gouvernance du SI hybride et panorama du marché,* 4e edition, Dunod, Paris, 2016.
- Jacques LONCHAMP, introduction aux systemes informatique, Paris, Dunod, 2011;

Sítios Web:

- https://www.larousse.fr
- https://www.lalanguefrancaise.com
- www.appvizer.fr
- https://support.microsoft.com
- www.techno-science.net

MIX
Papier aus verantwortungsvollen Quellen
Paper from responsible sources
FSC® C105338

Printed by Books on Demand GmbH, Norderstedt / Germany